Kölbing / Seifert

RICHTIG ANGELN

Alexander Kölbing / Kurt Seifert

RICHTIG ANGELN

10., durchges. Auflage

Die Deutsche Bibliothek –
CIP-Einheitsaufnahme

Ein Titeldatensatz für diese Publikation
ist bei Der Deutschen Bibliothek
erhältlich

BLV Verlagsgesellschaft mbH
München Wien Zürich
80797 München

Umschlaggestaltung: Studio Schübel,
München
Umschlagfotos: Thomas Wölfle
Lektorat: Gerhard Seilmeier
Herstellung: Peter Rudolph
DTP: Satz+Layout Fruth GmbH,
München
Druck: Fa. Appl, Wemding
Bindung: Fa. Ludwig Auer, Donauwörth

Gedruckt auf chlorfrei gebleichtem
Papier

Printed in Germany
ISBN 3-405-15627-0

Bildnachweis
Bayerische Landesanstalt für Fischerei
  Starnberg: 55 o, 56 o, 61 o
H. Eisenbeiss: 120, 121
Th. Wölfle: 2, 6, 11, 13, 16, 19, 20,
  21, 22, 24, 26, 28, 29, 30, 31, 32,
  33, 34, 35, 36, 37, 38, 39, 40, 41,
  42, 44, 45, 46, 47, 48, 66, 67, 68,
  72, 73, 74, 75, 77, 79, 88, 89, 91,
  92, 98, 105, 113, 114, 115, 117
R. Beck: 54 u, 57 o, 58, 59, 62, 63, 95,
  96 o
H. Hansen: 12, 69
A. Hartl: 56, 57 u, 61 o
K.H. Löhr: 61 u
H. Reinhard: 55 u, 56 u, 57, 60
K. Seifert: 65, 69, 76, 78, 82, 83, 84,
  85, 86, 90, 97, 102, 103, 109

Grafiken
R. Beck: 29
Hellmut Hoffmann: 70/71, 89, 97
B. v. Damnitz: 80

Inhalt

Einleitung

Angeln ist ein paradiesisches Vergnügen. Ob sich jedoch schon Adam und Eva damit Kurzweil verschafft haben, sei dahingestellt. Kulturhistorisch belegt ist es seit der Steinzeit. In dem wohl weltweit ersten Angelbuch, »The Complete Angler«, hat Izaak Walton 1653 die Sportfischerei beschrieben. Die Sportfischerei grenzt sich von der Berufsfischerei deutlich ab. Der als Sportfischer bezeichnete Angelfischer führt eine Art »Wettkampf« mit der Kreatur unter Berücksichtigung bestimmter Regeln durch. Der Fisch soll dabei überlistet werden und muss den Köder aktiv aufnehmen. Der Angler ist nach Walton verpflichtet, sich jederzeit sportlich, gleichbedeutend mit fair und weidgerecht, gegenüber dem Fisch zu verhalten. Das Fischen mit Netzen, Speeren und Reißangeln gilt als regelwidrig und damit als unsportlich. Der Sportbegriff hat sich seit der Definition des »Sportanglers« von Izaak Walton deutlich verändert. Wenn sich heute Angelfischer als Sportfischer bezeichnen und Wettfischen mit einer teilweise schändlichen Behandlung der Fische durchführen, um zu ermitteln, wer der erfolgreichste Fischer ist, so hat das nichts mit **dem Sportangler** zu tun, den Izaak Walton 1653 beschrieben hat. Aus diesem Grunde nimmt man heute wieder Abstand von dem oft mit negativen Assoziationen verbundenen Wort Sportangler.

Es muss große Faszination von der Beschäftigung mit den Fischen ausgehen, denn die Zahl der Petrijünger nimmt ständig zu. In Deutschland ist die Millionengrenze längst überschritten. Es gibt heute in Deutschland ca. 1,4 Millionen Fischereischeininhaber. Im Zuge dieser Entwicklung ist aus einer ehedem vergnüglichen Nebensache eine Beschäftigung mit hohem gesellschaftspolitischen und volkswirtschaftlichen Stellenwert geworden. Fischereiverbände machen auf sich aufmerksam und fordern zunehmend mehr Rechte. Von der Investitionsbereitschaft der Fischer profitieren Ausrüstungsindustrie und beispielsweise Reiseveranstalter in stets steigendem Maße. Die Angelfischerei also im Aufwind? Auf den ersten Blick mit Sicherheit, weil beim heutigen Entwicklungsstand der Fangtechnik jede nur denkbare Voraussetzung für den Fischfang gegeben ist. Dies stimmt auch, da sich spätestens mit der Angelreise in ferne Länder der Herzenswunsch nach dem kapitalen, wenn nicht sogar nach dem »Fisch des Lebens« erfüllen kann. Bei genauerem Hinsehen trifft dies jedoch nicht ganz zu, weil fischereilich attraktive Gewässer im Gegensatz zu den Fischerzahlen nicht zunehmen. Dieser Zustand führt in vielen Gebieten heute schon zur Überfischung. Ein entschiedenes Nein gilt aus unserer Sicht auch gewissen Entwicklungen, die den Protest im

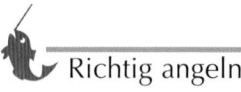

eigenen Lager, besonders aber von Naturschützern, heraufbeschworen haben.

Für viele Fischer versteht sich Fischfang nur noch als eine Jagd nach Rekorden. Hierbei wird mit den Fischen selbst nicht gerade zimperlich umgegangen. Unweidgerechter Umgang mit den Fischen und Achtlosigkeit gegenüber der Natur fügen dem Ansehen aller Angler schweren Schaden zu und gefährden die gesellschaftliche Akzeptanz. Ob solches Verhalten zur Regel wird oder die Ausnahme bleibt, hängt von unserer Einstellung ab. Die Autoren würden sich wünschen, mit der Lektüre dieses Buches die Einsicht zu fördern, dass Fischfang für sich genommen zwar eine Leidenschaft vieler Menschen ist, dass sich aber der eigentliche Charakter des Angelns, d. h. des »richtigen« Angelns, erst in seinem aus vielen Quellen schöpfenden Naturerleben offenbart.

Zu herzlichem Dank sind die Autoren Herrn Dr. Hartmut Gehra verpflichtet. Er hat zu diesem Buch das Kapitel »Fische nach dem Fang« beigesteuert. Herr Dr. Gehra ist Fachtierarzt sowohl für Lebensmittelkunde als auch für Fische. Er legt hier Gedanken vor, die in der Angelliteratur in dieser Unmissverständlichkeit bisher nicht erschienen sind.

Vielleicht lässt sich mancher Angler, dem der Fischverzehr irgendwann einmal verleidet worden war, nach Studium dieses Kapitels dazu wieder bringen, es ein neuerliches Mal mit dem köstlichen Lebensmittel Fisch zu versuchen.

Angeln aber richtig

Was ist »richtig Angeln« eigentlich wirklich? Seit Bestehen des angelfischereilichen Bewusstseins wird die Frage nach dem wahren Wesen des Angelns in der Fachliteratur leidenschaftlich diskutiert. Alle Autoren stützen sich bei ihren Aussagen mehr oder weniger auf ganz persönliche Ansichten. Eine allgemein verbindliche Definition wurde bisher nicht gefunden. Viele meinen, man habe schon alles richtig gemacht, wenn man nur regelmäßig große Fische mit nach Hause bringt. Andere dagegen sehen wiedergewonnene innere Ruhe und Spannkraft als wesentliches Kriterium an. Einig sind sich alle, dass zum »richtigen« Angeln Beobachtung und Warten, freudige Erregung und geduldiges Hoffen auf Biss und Fang gehören. Ob sich dieses zentrale Erlebnis aber nur gemütlich am Wasser sitzend oder ausschließlich bei der anspruchsvollen Fliegenfischerei erfüllen lässt, darüber gehen die Ansichten weit auseinander. Das gesamte Spektrum fischereilicher Betätigung wäre wohl aufzuzählen, wollte man in dieser Frage allen gerecht werden. Und gerade in der fast unübersehbaren Palette von Möglichkeiten, dem Problem Fischfang zu Leibe zu rücken, liegt vielleicht eines der faszinierendsten Momente des Angelns. Hier eröffnet sich für jeden Angler die Chance, seine Vorlieben und Fähigkeiten zielgerichtet einzusetzen und sich dabei ausgesprochen individuell betäti-

gen zu können. Ist gerade darin einer der Hauptgründe zu suchen, warum die Fischer der schönsten Nebenbeschäftigung im Leben mit solcher Liebe und Leidenschaft nachgehen? Wenn aber jeder, der angelt, seine eigene Art und Methode haben kann und dabei innerhalb gewisser Grenzen keine absolut richtig oder falsch ist, gibt es dann »richtiges« Angeln überhaupt und lässt sich dieses darüber hinaus darstellen und vermitteln?

Der individuelle Zuschnitt des Angelns schließt aus, dass Wertungen nur von dieser oder jener Position her erfolgen können. Mit einiger Sicherheit lässt sich jedoch behaupten, dass es beim »richtigen« Angeln um das Zusammenwirken mehrerer und zum Teil sehr unterschiedlicher Faktoren geht.

■ Natürlich spielt die Fangtechnik eine ganz wesentliche Rolle, denn Erfolge beim Fischfang sind und bleiben zentrales Moment jeder fischereilichen Betätigung. Das im folgenden beschriebene Grundwissen sowie das Beherrschen des fangtechnischen Handwerkzeugs sind die Basis, ohne die eine persönliche Fortentwicklung auf diesem Feld kaum vorstellbar ist. Spezialwissen dagegen entnehme man den kaum noch zu zählenden Fachbüchern oder einer der regelmäßig erscheinenden Fischereizeitungen, in denen es von der Lehre einfacher Knoten bis hin zur Beschreibung etwa eines elektrischen Bissanzeigers alles angelfischereilich Wichtige zu lesen gibt.

■ Im Gegensatz zu anderen Ländern hat man bei uns der Freizeitfischerei lange Zeit viel zu wenig Beachtung geschenkt. Hier sei bemerkt, dass engagierte Fischer mit die ersten waren, von denen der Aufruf zum Kampf gegen den Missbrauch unserer Gewässer ausging. Mit Stolz dürfen Angelfischer darauf verweisen, dass ohne ihre Anstrengungen Bäche, Flüsse und Seen mancherorts in wesentlich schlechterem Zustand wären, als sie es heute sind. Fischer sind – und dies ist eminent wichtig – zum Anwalt gesunder Fischbestände als dem untrüglichen Zeichen für die Gewässergüte geworden. Damit haben aber neben dem bloßen Fischfang z. B. die fischereiliche Gewässerbewirtschaftung sowie Natur- und Umweltschutz vorrangige Bedeutung. Beim »richtigen« Angeln geht es also auch um die Kenntnis der wichtigsten Grundsätze dieser Sachgebiete.

■ Durch das zwangsläufig immer dichtere Zusammenrücken am Fischwasser hat man sich im Hinblick auf den Fortbestand von Fischen und Gewässern einerseits und aus Rücksicht gegenüber Gleichgesinnten andererseits bestimmten Regeln

zu unterwerfen. Vieles darf und soll der Angler machen, wie er will, einiges muss mit Rücksicht auf das Lebewesen Fisch und zugunsten zwischenmenschlicher Beziehungen im festen Rahmen ablaufen. Hierunter fallen etwa die Inhalte der Fischgerechtigkeit und die Vermeidung all der unschönen Auswüchse, deren Motive in Fangneid und Missachtung der Kreatur zu suchen sind. Nur allzu schnell gerät die Fischerei bei Verstoß gegen die ungeschriebenen Gesetze am Fischwasser zu ihrem eigenen Nachteil ins Rampenlicht öffentlicher Kritik. Um auf die oben gestellte Frage eine Antwort zu geben: Durch die bloße Lektüre von Fachliteratur ist »richtiges« Angeln wohl nicht zu erlernen, da man dem hohen moralischen Anspruch einiger Teilbereiche erfahrungsgemäß erst nach einem persönlichen Entwicklungsprozess gerecht werden kann. Wir hoffen, dass ein solcher Prozess durch die Auseinandersetzung mit der Problematik in Gang gebracht werden kann.

Heute gibt es eine Vielzahl von Firmen, die Angelgeräte vertreiben. Schlägt man deren verführerisch aufgemachte Kataloge auf, wird man von der großen Bandbreite an Gegenständen geradezu erdrückt. Fürs Erste kann man gar nicht glauben, dass all dies in unmittelbarem

Fest im Griff. ▶

Zusammenhang mit dem Fischfang steht. Das komplette Angebot für den sogenannten Sportfischer besteht neben den herkömmlichen und allseits bekannten Notwendigkeiten aus allen möglichen Pasten und Tinkturen, sogenannten Anfütterungs- oder Witterungspräparaten, aus speziellen Anglerbrillen und sogar aus einem Sitzkiepenangebot, das jedem Angler mehr oder weniger bequemes Sitzen am Wasser ermöglicht. Vieles ist notwendig, vieles aber mit Sicherheit auch nicht. Angeln ist teuer, darüber besteht kein Zweifel. Der bayerische Durchschnittsangler gibt zum Beispiel ca. 1100,– DM pro Jahr für sein Hobby aus. Ein wenig Vorsicht bei Neuanschaffung ist angebracht.

Vor allem Angelneulinge können viel Geld sparen. **Wichtig ist die Beratung!** Nicht nur für den Neuling, dessen Entscheidung von ihr abhängt, sondern auch für den alten Hasen spielt sie eine Rolle, weil die Erzeuger stets mit einer Fülle von Produkten aufwarten, deren richtige Bewertung oft auch dem versierten Angler schwerfällt. Es empfiehlt sich daher, im Fachgeschäft einzukaufen. Der Versandhandel, bei dem keine eingehende Beratung der Kunden möglich ist, sowie der Angelgeräteverkauf in Warenhäusern mit oftmals unzureichend geschultem Verkaufspersonal kann zumindest bei Anfängern zu teueren Fehltritten bei der Beschaffung von Angelgeräten führen.

Ausrüstung

Angelruten

Angelruten haben verschiedene Aufgaben: Sie sollen zielgenaue weite Würfe ermöglichen und zum Anhieb, Drill sowie zur sicheren Landung der Fische dienen. Die Zeit der Haselnussgerte ist vorbei. Heute beherrschen moderne Kohlefasergemische den Markt. Der Anteil an Kohlefaser bestimmt die Qualität und den Preis. Je höher der Kohlefaseranteil, um so hochwertiger und teurer sind die Ruten in der Regel. Eine Ausnahme sind die gespließten Ruten aus Bambus. Sie werden von Liebhabern der Fliegenfischerei, in seit über hundert Jahren kaum veränderter Bauweise, immer noch gerne eingesetzt. Glasfaser als Baustoff für Voll- und Hohlglasruten wird nur noch in Ausnahmefällen benutzt. Vollglasruten haben den Vorteil extrem bruchfest zu sein. Sie sind aber relativ schwer und haben in der Regel eine zu weiche Aktion.

Man muss die Ruten jedoch nicht unbedingt als fertiges Produkt kaufen, sondern kann sie auch selbst bauen. Es gibt durchaus Liebhaber, die ihre Ruten nach ganz persönlichen Vorstellungen und Wünschen fertigen. Einige Zulieferer halten hierfür die Einzelteile bereit und auch spezielle Literatur (siehe Literaturverzeichnis), der eine genaue Bauanleitung zu entnehmen ist.

Ruten unterscheidet man folgendermaßen:

■ Nach dem Verwendungszweck: Grund-, Spinn-, Fliegen-, Hochsee- (Big Game) und Brandungsruten.

■ Nach der Länge:
  – kurze Ruten: ca. 1,5 bis 2,2 m;
  – mittellange Ruten: ca. 2,2 bis 2,6 m;
  – lange Ruten: ab 2,6 m.
  Die Normallänge liegt bei 1,5 bis 4 m. Wettkampfruten können über 10 Meter lang sein.

■ Bei der Fliegenfischerei nach Art der Führung: ein- und zweihändige Ruten.

■ Nach dem Wurfgewicht: Wurfgewichte schwanken zwischen 10 und 500 g. Für jede im Handel erhältliche Rute ist das zu ihr passende optimale Wurfgewicht angegeben.

■ Bei der Fliegenfischerei nach AFTMA-Klassen von 0 bis 15 (0 = ultraleicht; 15 extrem schwer)

■ Nach ihrer »Aktion«: Unter Aktion versteht man den Rutenausschlag, d. h. die Art des Durchbiegens etwa beim Wurf oder beim Anhieb. Es gibt Ruten, die sich nur im Spitzenteil, nur in der oberen Hälfte oder im oberen und mittleren Teil durchbiegen. Schließlich gibt es eine Aktion, bei der es zum Durchbiegen der ganzen Rute kommt.

13

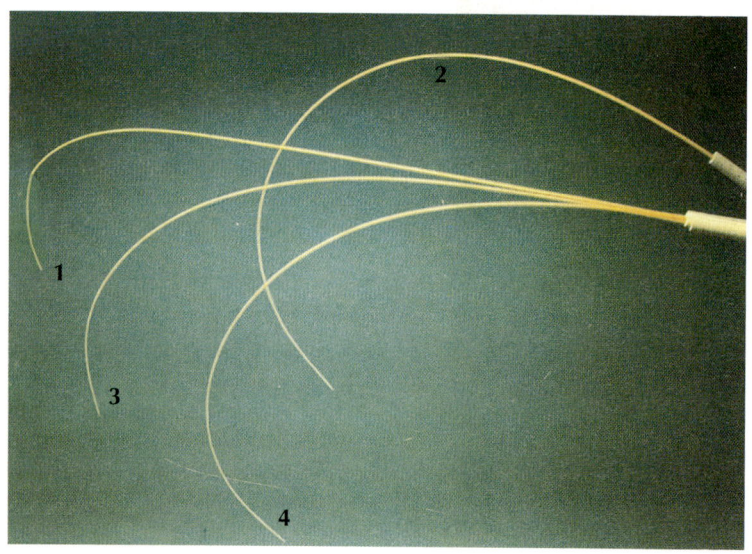

Rutenaktion
1 Spitzenaktion
2 Mittlere Aktion
3 Dreiviertelaktion
4 Parabolische Aktion

Es gibt ein-, zwei- oder mehrteilige Ruten, deren Einzelteile zusammengesteckt werden. Fast alle Rutenarten sind auch als Teleskopruten erhältlich. Diese bestehen aus einzelnen ineinander verschiebbaren Teilen. Ruten, die zusammengeschoben etwa ein Meter lang sind, können auf Längen bis zu 11 Meter ausgezogen werden. Keine Frage, dass auf diese Weise das Transportproblem langer Ruten elegant gelöst ist. In der Fliegenfischerei hat sich der Einsatz von Teleskopruten allerdings nicht durchgesetzt. In der Regel sind Steckruten hochwertiger als Teleskopruten. Bei

Steckruten ist es möglich, den Querschnitt geringer zu halten. Durch die damit verbundene Materialersparnis sind die Ruten leichter. Teleskopruten sind bedingt durch ihre vielen Einzelteile und Verbindungen auch bruchempfindlicher als Steckruten.
Die Halterung für die Rollen befindet sich bei allen Ruten in der Mitte oder im oberen Drittel des Handteiles, mit Ausnahme jener für die Fliegenrute. Wegen der besonderen Wurftechnik beim Flugangeln ist die Fliegenrolle in der Regel am Ende des Handteiles angebracht.
Bei den Schnurführungsringen an den Ruten haben sich solche mit Innenring aus Aluminiumoxid oder aus Siliciumcarbid durchgesetzt.

Mit der Spinnrute am Schilfrand. ▶

14

Ihr Vorteil gegenüber Ringen aus reinem Metall oder Ringen mit Innenring aus Porzellan liegt in verringerter Schnurreibung, geringerem Gewicht und größerer Verschleißfestigkeit. Bei Fliegenruten werden meist sogenannte Schlangenringe bevorzugt, welche keinen Innenring haben.

Angelrollen

Angelrollen haben die Aufgabe, die Schnur aufzunehmen und diese für den Wurf oder für die flüchtenden Fische beim Drill freizugeben.

Man unterscheidet:

- Stationärrolle
- Multirolle
- Fliegenrolle

Der weitaus gebräuchlichste Rollentyp in der Angelfischerei ist die Stationärrolle. Bei ihr steht der Spulenkern fest, er ist stationär. Um weite Würfe zu gewährleisten, haben die meisten Rollen heute einen hohen Spulenkern mit großem Durchmesser. Man bezeichnet sie dann als Weitwurfspulen. Besonders auffallend an der Stationärrolle ist der Schnurfangbügel, der – über die Handkurbel in Rotation versetzt – die Schnur auf die feststehende Spule wickelt. Zum Wurf wird der Schnurfangbügel zurückgeklappt, so dass die Schnur nach Freigabe fast widerstandslos ablaufen kann. Eine Variante der Stationärrolle ist die Kapselrolle, bei

der die Schnurspule verkleidet ist. Die Multirolle findet hauptsächlich in der Schleppfischerei (vgl. Seite 40 f.) Verwendung. Man kann mit ihr weit und besonders zielsicher werfen. Sie ist jedoch vor allem für Anfänger schwieriger zu handhaben.

Beide Rollentypen besitzen eine Übersetzung, um das Kurbeln zu

Angelrollen (v. l. n. r.): Stationärrolle zum Spinnfischen, Stationärrolle zum Grundfischen, (unten) Multirolle.

Verschiedene Fliegenrollen (leichte Fliegenrolle, schwere Fliegenrolle mit Ersatzspule, Fliegenrolle mit großem Spulenkern).

erleichtern. Heutzutage weisen die meisten Rollen ein oder mehrere Kugellager auf, um den gleichmäßigen Betrieb der Rolle zu gewährleisten. Der wichtigste Teil für eine sichere Landung der Fische ist die Schnurbremse. Sie sollte in der Regel für jede Schnurstärke so eingestellt werden, dass der Fisch nur bei extremer Belastung Schnur nehmen kann, also wenn die Schnur kurz vor dem Reißen ist. Während des Drills (s. Seite 23) erschwert sie so dem Fisch das Abziehen der Schnur und trägt zu seiner Ermüdung bei. Da man großen Fischen bei ihren Fluchten oft größere Mengen Schnur nachgeben muss, spielt das Schnurfassungsvermögen von Angelrollen eine bedeutsame Rolle:

Fassungsvermögen

Kleine Rollen
mindestens 100 m/0,25-mm*-Schnur
Mittlere Rollen
mindestens 100 m/0,45-mm-Schnur
Große Rollen
mindestens 100 m/0,60-mm-Schnur

*) als Schnurstärke wird der Schnurdurchmesser in Millimeter angegeben

Die Fliegenrolle ist eine eigens für das Fliegenfischen konstruierte Kurbelrolle mit relativ großem Trommeldurchmesser. Für die schwere Fliegenfischerei ist der Trommeldurchmesser besonders groß, um ein schnelles Einkurbeln bei großen Wurfdistanzen, bzw. bei gro-

ßen Fluchtdistanzen der Fische zu gewährleisten. Es werden auch Fliegenrollen mit Schnurbremse und Übersetzung angeboten. Wegen der speziellen Wurftechnik beim Fliegenfischen, bei der man die Schnur im Zuge einzelner Wurfbewegungen in Längen zwischen etwa 50 bis 70 cm ruckartig abzieht, ist in die Rollen eine leichte Bremse eingebaut. Sie verhindert, dass die Rolle überdreht und sich die Fliegenschnur verheddert. Hochwertige Fliegenrollen haben eine verstellbare Schnurbremse, die in der Funktion jener der Stationärrollen gleicht. Sogenannte Antireverserollen verhindern, dass sich bei schnellen Fluchten der Fische die Kurbel mitdreht und dem Angler auf die Hand schlagen kann. Salzwasserangelrollen müssen aus speziellen rostfreien Materialien sein.

Angelrollen (insbesondere Salzwasserrollen) brauchen ab und zu Pflege:

■ Ein Tropfen Öl an den Drehpunkt der Spulenbremse und an den Drehpunkt des Schnurfangbügels.

■ Gut geölt läuft auch die Trommel- und Spulenachse leichter.

■ Alle mechanischen Teile des Getriebesystems werden mit Rollenfett geschmiert.

■ Von Zeit zu Zeit ist die Gesamtfunktion zu überprüfen. Bei Störungen, die selbst nicht behoben werden können, empfiehlt sich eine Reparatur über den Fachhandel.

Angelschnüre

Die Angelschnur ist Bindeglied zwischen Fischer und Fisch. Ihrer hohen Reißfestigkeit und geringen Sichtbarkeit im Wasser wegen hat sich die einfädige (monofile) Schnur aus Nylon, Perlon, Terylen u. ä. für viele Fangtechniken durchgesetzt. Geflochtene mehrfädige (multifile) Schnüre sind weicher als monofile Schnüre, haben eine minimale Dehnung und besitzen bei gleichem Durchmesser eine deutlich höhere Tragkraft. Daher werden geflochtene Schnüre insbesondere bei der Fischerei auf Großfische gerne eingesetzt. Ihre geringe Dehnfähigkeit ist beim Anhieb (s. Seite 23) auf große Distanz vorteilhaft, kann aber bei plötzlichen Fluchten des Fisches in Rutennähe zum Rutenbruch führen.

Moderne Schnüre bedürfen in der Regel keiner besonderen Pflege. Sie sind u. a. seewasserfest und können in entsprechenden Stärken auch als Vorfächer (s. Seite 19 f.) verwendet werden. Man schütze sie lediglich vor langer, intensiver Sonnenbestrahlung und vor dem Kontakt mit Fetten und Lösungsmitteln. Spitzenprodukte zeichnen sich durch hohe Tragkraft, Knotenfestigkeit, besondere Ansprüche an Dehnverhalten und dynamische Be-

lastbarkeit, Unempfindlichkeit gegenüber Beschädigungen und durch Alterungsbeständigkeit aus. Namhafte Hersteller achten auch besonders auf eine glatte Oberfläche und darauf, dass der Durchmesser der Schnur an jeder Stelle exakt der angegebenen Schnurstärke entspricht.

Die Schnüre sind in verschiedenen Farben auf dem Markt. Die Färbung erfolgt nach dem Motto: *Gut sichtbar über Wasser – weitgehend unsichtbar unter Wasser.* Gemeinhin werden in der Grund- und Spinnfischerei Schnurstärken zwischen 0,10 und 0,60 mm verwendet.

Beim Fliegenfischen verwendet man Spezialschnüre, die Fliegenschnüre genannt werden. Sie fallen viel stärker aus als die monofilen Angelschnüre. Der Grund hierfür liegt in bestimmten Eigenschaften, die Fliegenschnüre zu erfüllen haben. Sie müssen zum einen ein bestimmtes Eigengewicht haben, denn beim Fliegenfischen ist es das Gewicht der Schnur, welches das Auswerfen ermöglicht. Zum anderen sorgt eine spezielle Fertigung dafür, dass z. B. Schnüre beim Fischen mit der Trockenfliege auf der Wasseroberfläche schwimmen, andere dagegen absinken, wenn mit der Nymphe in tieferen Wasser-

Gewichte von Fliegenschnüren nach dem AFTMA-System

Klasse	1	2	3	4	5	6	7	8	9	10	11	12
Gramm	3,9	5,2	6,5	7,8	9,1	10,4	12,0	13,6	15,6	18,2	21,4	24,7

Das Preis/Leistungsverhältnis zu prüfen lohnt sich.

Fliegenschnüre.

schichten gefischt wird. Die Fliegenschnur erhält man in zwei Ausführungen:

– Keulenschnur, auch Torpedoschnur genannt (Verpackungsbezeichnung WF = Weight Forward)
– Doppelt oder beidseitig verjüngte Schnur (Verpackungsbezeichnung DT = Double Taper).

Allgemein gesprochen liegt der Vorteil der Keulenschnur in der Möglichkeit – besonders für den Anfänger –, weiter werfen zu können. Mit der doppelt verjüngten Schnur dagegen kann man zielgenauer werfen. Außerdem lässt sie sich einfach umdrehen und weiterverwenden, wenn eine Hälfte abgenutzt ist. Noch etwas zum Gewicht der Fliegenschnüre. Ihm kommt bekanntlich eine entscheidende Bedeutung im Hinblick auf Wurfweite und Zielgenauigkeit zu. Nach internationaler Norm (AFTMA-System) gibt es sechzehn Gewichtsklassen, wobei jeweils die ersten 30 Fuß (9,14 m) der Schnur gewogen werden. Unter AFTMA versteht man die Abkürzung für **A**merican **F**ishing **T**ackle **M**anufactures **A**ssociation, einer Organisation amerikanscher Fischereigeräte-Hersteller. Ihr ist die Ausarbeitung von Maßbezeichnungen für Fliegenschnüre und -ruten zu verdanken. Da führende europäische Fabrikanten diese übernommen haben, liegt heute ein einheitlicher Standard für die Gerätebeschreibung vor.

Bei richtiger Gerätewahl sind Rute und Schnur exakt aufeinander abgestimmt. Entschließt man sich zum Kauf einer Fliegengerte der Klasse 5, so sollte die entsprechende Fliegenschnur ebenfalls der Klasse 5 angehören.

Vorfach

Bei der methodischen Zusammenstellung von Angelgerät folgt in der Reihenfolge auf die Schnur das sogenannte Vorfach. Unter Vorfach versteht man das Verbindungsstück

zwischen dem Haken und der Schnur. Vorfächer sollten stets geringere Tragkraft besitzen als die Hauptschnur. Hierdurch wird gewährleistet, dass der Fisch bei einem Schnurbruch nur mit einem sehr kurzen Schnurende im Maul umherschwimmt, welches er in der Regel auch wieder loswerden kann. Würde die Schnur an anderer Stelle reißen, wäre die Gefahr groß, dass sich der Fisch mit dem langen Schnurrest verheddert und jämmerlich zugrunde geht. Ein Tipp: Bei »Hängern« sollte man die Schnur nie mit Hilfe der Rute, sondern mit der Hand abreißen!

Normalerweise bestehen Vorfächer aus monofilem Material. Lediglich zum Fang zahnbewehrter Raubfische, wie etwa beim Hecht, werden Vorfächer aus Stahlseide oder Kevlar verwendet. Stahl- und Kevlarvorfächer sollen den Fischen das Zerbeißen der Schnur unmöglich machen. Vorfächer sind in der Regel 30 bis 60 cm lang.

Anders verhält es sich mit Vorfächern, wie sie für die Fliegenfischerei verwendet werden. Im allgemeinen sind Fliegenvorfächer etwas kürzer, als die Fliegenrute lang ist. Das Vorfach soll eine möglichst unsichtbare Verbindung zwischen der Fliege und der deutlich dickeren, sofort ins Auge fallenden Fliegenschnur bilden. Als Material dient auch hier in der Regel eine monofile Kunststoffschnur. Moderne Fliegenvorfächer sind allerdings auch aus anderen zum Teil geflochtenen Materialien (eventuell sogar mit Bleibeschwerung) fertig montiert im Fachhandel erhältlich. Die

Stahlvorfächer.

Regel ist ein sich nach vorne verjüngendes Fliegenvorfach, das am hinteren Ende einen weitgehend unauffälligen Übergang zur Fliegenschnur bilden soll. Sind Vorfächer nach übermäßiger Zugbelastung verkringelt, weisen sie ungewollte Knoten auf oder sind sie aufgeraut bzw. angespleißt, hat

Fliegenvorfächer in unterschiedlicher Ausführung und Stärke.

man sie sofort durch neue zu ersetzen.

Wirbel

Gefahr für Angelleine und Vorfächer erwächst aber nicht nur von den Hängern, sondern auch aus dem Verdrehen der Schnur. Man denke z. B. an das Spinnangeln oder an eine Fischerei in Fließgewässern von mittlerer bis schnel-

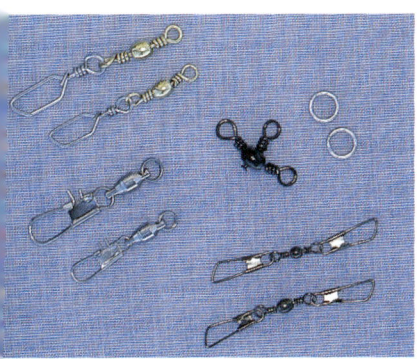

Karabinerwirbel, Wirbel für Seitenmontage, Springringe, Wirbel mit Doppelkarabiner.

ler Fließgeschwindigkeit. Hier wird der Köder von der Strömung erfasst und zahllose Male um die eigene Achse gewirbelt. Um zu verhindern, dass sich damit auch die Schnur zu einem unentwirrbaren Knäuel zusammenkringelt, verbindet man Hauptschnur und Vorfach durch Wirbel, so dass sich diese Rotation nicht auf die Hauptschnur übertragen kann. Die meist mit einem Verschluss versehenen Einhängewirbel, welche in ihren

Größen den jeweils verwendeten Schnurstärken zu entsprechen haben, erleichtern darüber hinaus das Ein- und Aushängen der Vorfächer. Für das Meeresangeln ist wichtig zu wissen, dass Messingwirbel weit weniger vom Salzwasser angegriffen werden als Stahlwirbel.

Knoten

Knoten, mit deren Hilfe die einzelnen Teile zusammengehalten werden, gibt es in schier endloser Zahl. Letztlich sind es jedoch nur wenige, die in der Praxis Verwendung finden. Zwei der wichtigsten sind der Blutknoten, mit dem am zweckmäßigsten zwei Schnurenden zusammengeknüpft werden und der Clinchknoten, welcher eine sichere Befestigung etwa von Blinkern, Systemen, aber auch Vorfächern ermöglicht. Am besten lässt man sich in die Kunst des Knotenbindens von »alten Hasen« einweihen, da dies dann praxisnah geschieht und das mühsame Studieren der Knotentafeln somit entfallen kann.

Zwei Gesichtspunkte sind von Bedeutung:

> Knoten dürfen sich nicht aufziehen oder abwürgen lassen. Sie sollen aus Gründen der geringen Sichtbarkeit möglichst klein sein. Vor dem Festziehen des Knotens ist die Schnur anzufeuchten, da sich so die Tragkraft erheblich erhöhen lässt.

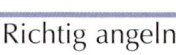

Angelhaken

Nie kleiner als nötig sollen dagegen die Angelhaken sein. Dies ist
eine der wichtigsten Voraussetzungen für weidgerechtes Fischen. Die
Hakenwahl hat so auszufallen,
dass sie der Angelmethode und der
Fischart, der man nachstellt, gerecht wird. Man unterscheidet Ein-
fach-, Doppel- und Drillingshaken.
Innerhalb dieser Kategorien gibt
es sehr verschiedenartige Formen.
Haken mit Öhr oder Plättchen,
kurz- oder langschenkelige, dünn-
oder dickdrähtige.

Die Hakengrößen sind in einem
Zahlenschema (1 bis 20) nach fol-
gendem Prinzip geordnet: Je größer
der Haken, desto kleiner die zu-
geordnete Zahl. Größe 1 bedeutet
demnach große, Größe 20 sehr
kleine Haken. Ist die Größe mit
zwei durch Schrägstrich getrennten
Zahlen angegeben, handelt es sich
um Übergrößen.

Nachdem nun das Angelgerät von
der Rute bis zum Haken zusam-
mengestellt ist und dabei unter anderem diverse Knoten gebunden
wurden, sollte es zur Gewohnheit
werden, vor Beginn des Angelns
durch eine Zugprobe die Festigkeit
des gesamten Systems zu überprüfen.

*Einzelhaken mit bereits
eingebundenen Vorfach.*

*Einzelhaken zum Selberbinden
mit Öhr oder Plättchen.*

Drillinge in verschiedenen Größen.

Landegeräte

Der Biss eines Fisches wird durch das Anschlagen oder den Anhieb pariert, d. h. durch ruckartiges Anheben der Rutenspitze, um den Haken fest im Fischmaul zu verankern. Handelt es sich um größere Exemplare, kommt es nun zur spannendsten Phase, dem Drill des Fisches. Unter dem Drill versteht man einen Vorgang, bei dem der Fisch unter ständigem Einholen und Nachlassen der Schnur ermüdet wird. Über die Elastizität der Rute werden heftige Fluchtbewegungen des Fisches abgefangen. Dabei ist man über die gespannte Schnur in ständiger Fühlung mit dem Fisch. Die Dauer des Drills hängt in erster Linie von der Größe und Stärke und damit von der Gegenwehr des Fisches ab.

Man landet den Fisch in der Regel erst dann, wenn er nur noch schwache Fluchtversuche unternimmt. Ausgedrillte Fische sollen mit einem Kescher gelandet werden. Der Kescher, auch Unterfangnetz genannt, besteht aus kräftigem knotenlosen Garn und soll tief und geräumig sein. Während der letzten Phase des Drills wird der Kescher ins Wasser getaucht, der müdegedrillte Fisch darüber geführt und der Kescher mitsamt dem Fisch aus dem Wasser gehoben.

Sehr große Fische werden gewöhnlich gegafft. Das Gaff ist ein großer, scharf geschliffener Haken ohne Widerhaken, der dem Fisch mit einem kurzen Ruck eingeschlagen wird. Vom Moment des Anschlags bis zu seiner Landung kämpft der Fisch um sein Leben.

Der Drill sollte nicht länger als notwendig andauern, um den Fisch nicht unnötig zu strapazieren. Nach der Landung hat man sich schnell über folgendes klar zu werden:

- Hat der Fisch das Maß und soll er mit nach Hause genommen werden? Man ist dann nach dem Tierschutzgesetz verpflichtet, den Fisch abzuschlagen (zu betäuben) und ihn anschließend zu töten. Alle Fische, mit Ausnahme von Aalen und Plattfischen, müssen vor dem Töten betäubt werden. Das Tierschutzgesetz besagt, dass keinem Tier ohne vernünftigen Grund Leid zugefügt werden darf. Das Fangen von Fischen aus Spaß am Drill gilt nicht als vernünftiger Grund. Deshalb sollten Fische, die das Schonmaß erreicht haben und keiner Schonzeit unterliegen, nicht zurückgesetzt werden. Dient das Zurücksetzen allerdings dem Hegeziel, wenn z. B. ein Rogner (weiblicher Fisch) einer seltenen Art voller Eier kurz vor der Schonzeit gefangen wird, dann sollte der Angler über seinen Schatten springen und den Fisch wieder freilassen.

- Ist der Fisch untermaßig oder soll er nicht mitgenommen werden, so muss er unmittelbar nach der Landung entweder im Wasser oder aber zumindest mit nassen Händen abgeködert und zurückgesetzt

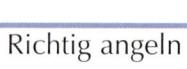

Karpfenlandung wie sie sein sollte.

werden. Dass dies besonders behutsam geschieht, ist deshalb von größter Bedeutung, weil auf diese Weise vermieden wird, dass die empfindliche Oberhaut der Fische verletzt wird. Fische, die mit trockenen Händen abgeködert werden und scheinbar unverletzt wieder davonschwimmen, können aufgrund von nicht erkennbaren Schäden der schleimigen Oberhaut von Pilzen befallen werden. Diese Pilzinfektionen können in wenigen Wochen zum Tod führen.

Zusatzausrüstung

Um diese Arbeiten fischgerecht durchzuführen, gehört neben Fang- und Landegeräten noch folgendes Zubehör ans Fischwasser:

- **Längenmaß** zum Messen der Fische

- **Fischtöter** zum Betäuben der Fische

- **Messer** mit durchgehender Klinge zum Töten der Fische

- **Hakenlöser** oder **Lösechere** zum Lösen des Hakens aus dem Fischmaul

- **Lösezange** zum Lösen festsitzender Haken (z. B. Drillinge)

- **Rachensperre.** Sie dient zum Sperren des Maules, namentlich des Hechts, um sich beim Hakenlösen nicht an den Zähnen zu verletzen.

- **Setzkescher** zum Hältern der Fische

Sollen Fische am Angelplatz weiterleben, so kann in begründeten Fällen ein Setzkescher zur Hälterung verwendet werden. Obwohl eine Lebendhälterung die Fleischqualität geangelter Fische am besten erhält, ist ein vernünftiger Grund im Sinne des Tierschutzgesetzes bei der Verwendung des Setzkeschers nur dann gegeben, wenn andere Methoden der Frischhaltung unter den gegebenen Umständen nicht ausreichen. Eine völlig ungekühlte Lagerung von getöteten Fischen ist mit kaum vertretbaren Qualitätsverlusten des Fischfleisches verbunden. Eine Lagerung während des Angeltages in einer Kühlbox gewährleistet in der Regel eine ausreichende Fleischqualität. Bei hohen Außentemperaturen und durch wiederholtes Öffnen der Kühlbox zwecks Einlegen mehrerer Fische ist jedoch keine ausreichende Kühlung mehr möglich. In diesem Fall ist die Lebendhälterung begründet. Die ordnungsgemäße Hälterung von geangelten Fischen im Setzkescher ist mit verhältnismäßig geringen, tierschutzrechtlich vertretbaren Belastungen verbunden, falls die nachfolgenden Voraussetzungen beachtet werden.

Voraussetzungen:

– nur Verwendung von geräumigen Setzkeschern aus knotenlosem Netzmaterial
– waagerechte Verspannung des Setzkeschers im Wasser

25

– Gewährleistung ausreichender Sauerstoffgehalte im Setzkescher
– Einhaltung angemessener Fischdichten
– Hälterung der gefangenen Fische nur am Fangtag
– nur Hälterung von Fischen mit »guter Kondition« (ohne größere Verletzungen)

Der Angler ist grundsätzlich gut beraten, den Setzkescher nicht sorglos zu verwenden. Es muss in jedem Fall ein Abwägungsprozess stattfinden, bei dem die »Vorteile« (Frischhaltung des Lebensmittels Fisch) und die »Nachteile« (Be-lastungen für den Fisch) gegeneinander abgewogen werden.

Nach der Besprechung der Angelausrüstung noch ein Wort zur **Bekleidung.** Es gibt mittlerweile eine spezielle Bekleidungsindustrie für Angler, so dass die Zugehörigkeit zur Zunft auch rein äußerlich deutlich gemacht werden kann. Über das Bestreben, sich standesgemäß zu kleiden, darf jedoch nicht vergessen werden, dass Anglerkleidung in erster Linie Schutz gegen Kälte, Wind und Regen bieten sollte.

Gummistiefeln kommt in diesem Zusammenhang vorrangige Bedeutung zu, weil dauernd nasse oder

Zubehör: 1 Fischtöter, 2 Schlachtmesser, 3 Filetiermesser, 4 Taschenmesser, 5 Lösezange, 6 Rachsperre, 7 + 8 Löscheren, 9 Waage mit Maßband, 10 Hakenlöser.

kalte Füße nicht selten Ursache für Krankheiten sind. An ihnen empfiehlt es sich daher, zu allerletzt zu sparen. Wer häufig Gummistiefel trägt, sollte in jedem Fall ein ledergefüttertes Modell wählen. Diese sind zwar etwa viermal teurer als gewöhnliche Stiefel, zeichnen sich aber durch wesentlich längere Lebensdauer, perfekte Isolierung einerseits und Atmungsaktivität andererseits sowie durch auffallend besseren Tragekomfort aus. Solche Stiefel sind z. B. aus der Berufsfischerei nicht mehr wegzudenken. Es gibt eine Vielzahl neuer Materialien in der Kleidungsindustrie, die sich speziell für Angler eignen. Pullover und Jacken aus Faserpelz (Fleece) sind einerseits bei Kälte sehr warm, führen aber andererseits bei höheren Temperaturen nicht zum Schwitzen. Außerdem sind Faserpelzjacken sehr leicht und bequem. Es empfiehlt sich, beim Angeln immer Regenoberbekleidung greifbar zu haben. Hier bieten sich z. B. Goretex- oder Wachsjacken an. Die Verwendung von Watstiefeln und Wathosen aus Gummi oder Neopren erlauben es, sich trocken und warm im Wasser aufzuhalten.

Angelmethoden

Gemeinhin gibt es drei Angelmethoden, die sich durch Wurftechnik
und Verwendung verschiedenarti-
ger Köder grundsätzlich voneinan-
der unterscheiden:

- **Grundangeln**
- **Spinnangeln**
- **Fliegenfischen**

*Brachsen können über 10 Pfund
schwer werden und werden mit der
Grundangel gefangen.*

Gewöhnlich richtet sich die Angelmethode nach den im Gewässer
vorkommenden Fischen und der
Technik, mit der man glaubt, ihnen
besonders gut beikommen zu können. Am besten beginnt man als
Anfänger mit der oftmals zu Un-
recht als am einfachsten bezeichneten Methode – dem Grundangeln. Wird dieses beherrscht, kann
man sich in den schwierigeren Disziplinen versuchen.

Grundangeln

Diese Form des Angelns ist wohl
die ursprünglichste und älteste.
Sie ist ausgesprochen vielfältig in
ihren Anwendungsmöglichkeiten
und bietet sowohl Anfängern als
auch erfahrenen Anglern hohen
Reiz. Der Begriff Grundangeln ist
unglücklich gewählt, aber bisher
durch keinen besseren ersetzt worden. Die Köder werden den Fischen keineswegs nur am Grund,
sondern in allen Gewässertiefen angeboten. Der wesentliche Unter-
schied zu den beiden anderen Angelmethoden ist, dass der Köder in
der Regel nicht durch den Angler
bewegt wird. Die wichtigsten An-
wendungsbereiche lassen sich wie
folgt einteilen:

- Angeln am Grund – der Köder
  liegt auf dem Grund.

- Angeln über Grund – der
  Köder schwebt einige Zentimeter über Grund.

- Angeln in mittlerer Gewässer-
  tiefe – selten, da Fische diese
  Bereiche nur gelegentlich
  aufsuchen.

- Angeln nahe der Wasseroberfläche.

- Angeln auf und an der Wasseroberfläche.

Diese Einteilung ermöglicht in gewissem Maße eine Klassifizierung der Fischarten, denen man nachstellt. Angeln am Gewässerboden gilt vorwiegend Kleintierfressern – Fischen also, die sich von bodensiedelnden Lebewesen ernähren, wie Karpfen, Schleie und Brachse, oder bei Verwendung bestimmter Köder dem Aal und dem Wels. Das Fischen nahe und an der Oberfläche bezieht sich meist auf kleinwüchsigere Arten wie Rotfeder, Rotauge (Plötze) und Hasel. Diese Form des Angelns mit dem hier zur Anwendung kommenden feineren Gerät wird auch als Stippfischen bezeichnet.

Wesensmerkmal des Grundangelns ist die ausschließliche Verwendung natürlicher, d. h. pflanzlicher oder tierischer Köder, wie Würmer, Brot,

Schrot- und Einhängebleie gibt es in den unterschiedlichsten Ausführungen.

Einstellung der Angel:

a) *auf Grund*
b) *über Grund*
c) *im Mittelwasser*
d) *unter der Wasseroberfläche*
e) *auf Grund ohne Schwimmer*

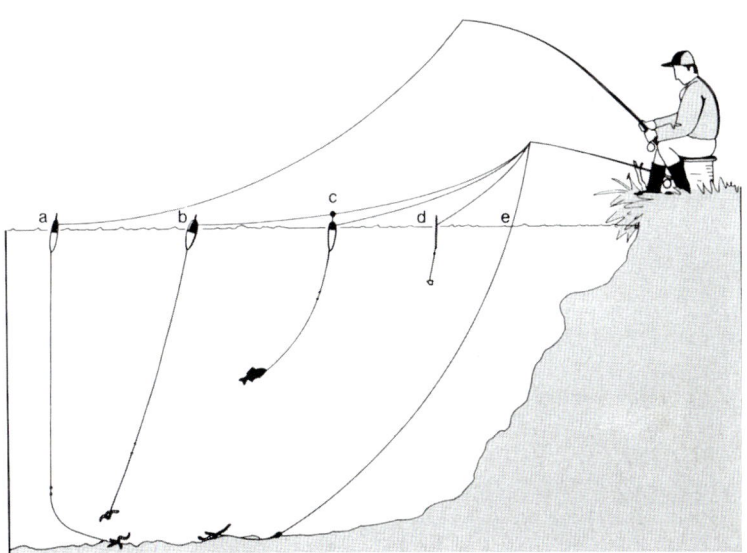

Grundanglerausrüstung (Teleskoprute, Stationärrolle, Rutenhalter, Angelschnur, Schwimmer, Vorfachhaken und verschiedene Bleie).

Teig, Käse, Boilies, tote Fische oder Fischstücke. Die Fängigkeit der Köder kann durch im Fachhandel erhältliche Duft- und Aromastoffe deutlich verbessert werden, da der Geruchs- und der Geschmackssinn der Fische ausgezeichnet ist. Die Tatsache, dass mit den Methoden des Grundangelns alle heimischen Fischarten zu fangen sind, erklärt die Vielseitigkeit, gleichzeitig aber auch die Beliebtheit dieser Methode. Beim Angeln am Grund wird der Köder durch eine Bleibeschwerung am gewünschten Ort gehalten. Hierbei kommen, je nach äußeren Bedingungen, verschiedenartige Bleie zum Einsatz.

Nach dem Auswerfen wird die Rute in den Rutenhalter gesteckt. Bei starker Strömung ist darauf zu achten, dass die Schnur gespannt ist, bei geringer Strömung oder stehendem Wasser hängt sie gewöhnlich leicht durch. Ruckartige Bewegungen der Rutenspitze zeigen den Biss an. Beim Biss wird die Rute in die Hand genommen und der Anhieb gesetzt.

Es gibt außerdem eine Reihe von sogenannten Bissanzeigern, die es

*Köder: 1,2,6 + 7 Lockaromastoffe; 3 Maden, 4 + 5 Würmer, 8 Boilies,
9 Forellenköder, 10 Mais, 11 Lachseier.*

dem Angler wesentlich erleichtern, den Biss zu erkennen, z. B.:

- Bibberspitze (extrem weiche, aufsetzbare Rutenspitze, die auch feinste Bisse anzeigt)

- Knicklichter (Bissanzeiger, die nach dem Umknicken bedingt durch chemische Prozesse ca. 12 Stunden lang dauerhaft leuchten); sie werden z. B. an die Rutenspitze montiert und erleichtern in der Dunkelheit das Erkennen des Bisses.

- Aalglöckchen, (werden z. B. an die Rutenspitze montiert und klingeln beim Biss)

- elektronische Bissanzeiger (werden in der Regel am Rutenständer montiert und geben beim Biss optische oder akustische Signale)

Eine Form des Bissanzeigers ist der Schwimmer, auch Pose oder Floß genannt. Zusätzlich zu der Funktion als Bissanzeiger ermöglicht es der Schwimmer, den Köder in der gewünschten Wassertiefe anzubieten. Die senkrechte Schwimmlage der Pose, bei der auch der leichteste Anbiss verraten wird, erreicht man durch eine auf seine Tragkraft abgestimmte Bleibeschwerung. Als solche genügen bei leichten Ködern (Maden, Mistwürmer) ein oder mehrere Schrotbleie. Bei schweren Ködern (Kartoffeln, Teig) kann normalerweise auf eine Beschwerung verzichtet werden.

Die gewünschte Tiefeneinstellung erfolgt durch Verschiebung der Pose entlang der Schnur. Dies ist aber nur für solche Tiefen möglich, die nicht größer sind als die Angelrute lang ist, da andernfalls nicht ausgeworfen werden kann. Eine da-

Hoffnung in der Dämmerung. Jetzt helfen leuchtende Knicklichter.

Verschiedene Friedfischschwimmer (Posen).

Verschiedene Raubfischschwimmer.

rüber hinausreichende Tiefeneinstellung wird durch den sogenannten Durchlaufschwimmer ermöglicht. Durch ihn bewegt sich die Schnur frei, bis der Köder die gewünschte Tiefe erreicht hat. Hier wird der freie Lauf der Schnur durch einen verschiebbaren Stopperknoten oder Gummistopper gestoppt, der so klein ist, dass er durch die Rutenringe gleitet und auf die Rolle mit aufgespult werden kann. Die Tiefeneinstellung wird also durch den Stopper reguliert.

Beim sogenannten Stippfischen auf Weißfische wird in der Regel mit sehr langen Ruten und sehr feiner Montage (0,20er bis 0,12er Schnurstärke, Hakengröße 14 bis 22) gefischt. Als Köder für die Weißfische (Brachsen, Rotaugen, Döbel und Hasel etc.) kommen Maden und Teig zum Einsatz. Als Bissanzeiger werden kleinste Schwimmer verwendet. Auf den Einsatz einer Rolle kann verzichtet werden, da in Ufernähe geangelt wird und weite Würfe daher nicht nötig sind. Auch wird zum Drill der kleinen Weiß-

Dort muß der Köder hin.

fische keine zusätzliche Schnur benötigt. Kurze Fluchten der Fische werden durch die feinen, langen Ruten abgefedert.

Grundangeln ist Karpfenangeln. Für Fischer sind Karpfen der Inbegriff der Schlauheit. Ihre angeborene Scheu und das ausgeprägte Misstrauen gegenüber jeder Veränderung in ihrer Umgebung haben Karpfen den Ruf eingebracht, mit zu den am schwierigsten zu erbeutenden Süßwasserfischen zu zählen. Für erfolgreiche Karpfenangler ist planmäßiges Vorgehen Voraussetzung.

Zum Fang von großen Karpfen hat sich eine Methode aus England

Ein Spiegelkarpfen, wie man ihn sich wünscht.

Ein schlanker Wildkarpfen.

durchgesetzt. Und zwar das Angeln mit Boilies. Boilies sind harte rundliche Köder mit einem sehr hohen Eiweißgehalt (z. B. bestehend aus Eiern, Milch- und Sojaeiweiß), die nur von großen Karpfen mit ihren kräftigen Schlundzähnen geknackt werden können. Vor dem Angeln sollte in Maßen mit Boilies angefüttert werden, um die Karpfen an den Köder zu gewöhnen. Allerdings ist das Anfüttern nicht überall erlaubt und ist aus Gewässerschutzgründen sehr kritisch zu betrachten (s. u.) Da die Großkarpfen sehr vorsichtig sind, wird das Boilie nicht direkt am Haken befestigt, sondern mit einer hauchdünnen, geschmeidigen Schnur in einem ca. 5 cm langen Abstand zum Haken angebracht. Der ansonsten sehr misstrauische Karpfen nimmt das Boilie meist vorbehaltlos auf und schlürft den Haken hinterher. Sobald der Haken im Maul ist, spürt der Karpfen den Irrtum und versucht den Haken auszuspucken. Der scharfe Haken bleibt aber meist im Maul des Karpfen hängen. Die jetzt einsetzenden rasanten Fluchten sind typisch für das Boilie-Angeln. Durch den schnellen Anschlag des Anglers wird der Haken nun richtig im Maul des Karpfens festgesetzt. Beim Boiliefischen sind aufgrund der zu erwartenden großen Fische Angelrollen mit hoher Schnurfassung zu bevorzugen.

Noch ein paar Worte zum Anfüttern. Beim Grundangeln wird zur Steigerung des Fangerfolges vor dem Fischen oft angefüttert und zwar mit Futter, aus dem später auch die Köder gefertigt werden. Hierdurch werden Fische zum Angelplatz gelockt und an den Köder gewöhnt. Besonders beim Stippfischen und beim Boiliefischen hat sich das Anfüttern durchgesetzt. Durch das Anfüttern können allerdings Nährstoffe und organische Verunreinigungen in das Gewässer eingebracht werden. Angler haben sich den Schutz der Gewässer auf ihre Fahnen geschrieben, also für deren Zustand eine besondere Verantwortung übernommen. Unter diesem Gesichtspunkt ist vom Anfüttern in den meisten Fällen als nicht mehr zeitgemäß und als schwer vereinbar mit dem Gewässerschutzgedanken abzusehen. Wenn überhaupt, dann sollte nur mit sehr geringen Futtermengen angefüttert werden. Denn Futter, das nicht gefressen wird, nützt dem Angler nicht und schadet dem Wasser.

Spinnangeln

Das Wort Spinnfischen oder Spinnen kommt aus dem Englischen und wurde bei uns unübersetzt übernommen. »to spin« heißt herumwirbeln, herumdrehen und bezeichnet die Bewegungsart der bei der Spinnfischerei verwendeten Köder. Die Methode richtet sich vornehmlich auf den Fang von Raubfischen mit künstlichen oder mit toten natürlichen Köderfischen. Zu den künstlichen Ködern gehören: Spinner, Blinker, Wobbler, Twister, Pilker und Gummifische. Köderfische werden in der Regel an verschiedenen vormontierten Systemen angebracht und dem Fisch angeboten.

Die Spinnköder werden mit spezieller Wurftechnik über eine Entfernung von bis zu 80 m (in der Regel 10 bis 30 m) ins Wasser geworfen und gleich im Anschluss daran wieder eingeholt. Zieht man den Köder durchs Wasser, führt er, bedingt durch seine spezielle Konstruktion, rotierende oder taumelnde Bewegungen aus, die dem Raubfisch

Ein Rapfen (Schied) auf Minipilker.

einen kranken oder flüchtenden Beutefisch vortäuschen und ihn zum Biss verleiten.

Der Angler kann durch Variation der Geschwindigkeit bei der Köderführung sowie durch ruckartige Seitwärtsbewegungen der Rute diesen Täuschungseffekt noch verstärken. Durch den Anbiss selbst oder durch den rasch erfolgten Anhieb werden die Drillingshaken,

Ein Zander, der auf einen gelben Twister (Gummiköder) biss.

Blinker – das Blech des Fischwassers.

Twister und Gummifische – farbige Verführer.

Wobbler sind klassische Raubfischköder.

Auf den Wobbler hereingefallen.

Schweres Spinngerät (Schwere Spinnrute mit Stationärrolle, Gaff, Lösezange und verschiedene Spinnköder).

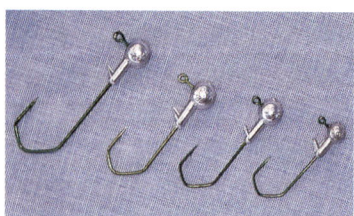

Twisterhaken mit montierten Bleiköpfen.

denden Gewässertiefen annähernd gleichmäßig befischt werden.

Bei der dem Spinnfischen verwandten **Schleppangelei** vom Boot aus wird der Köder hinter dem

Leichtes Spinngerät (Angeltasche, Spinnköder, Spinnrute mit Stationärrolle und Teleskopkescher).

die sich am Köder befinden, im Fischmaul festgesetzt. Spinnfischen ist eine sehr aktive Angelmethode, weil man nicht auf einen Platz fixiert bleibt, sondern in der Lage ist, große Gebiete am Gewässer in kurzer Zeit auf beißwillige Fische abzusuchen. Durch sogenanntes Flach- oder Tiefspinnen können alle für das Fischvorkommen entschei-

Boot hergezogen. Die gewünschte Tiefenführung stellt man durch die Länge der ausgegebenen Schnur, die Bleibeschwerung und die Bootsgeschwindigkeit ein. In den Bergseen ist das Schleppen mit speziellen Schleppollen, z. B. so genannten »Stuckirollen« auf Seesaiblinge, Seeforellen und Hechte sehr beliebt. Mit der »Stuckirolle« kann an einer geflochtenen Schnur mit hoher Tragkraft ein schweres Bleigewicht (ca. 500 g) in große Wassertiefen hinabgelassen werden. In verschiedenen Tiefen sind Schlaufen an der Hauptschnur befestigt, an denen die als Ausleger bezeichneten Vorfächer mit den

Schleppfischer mit Downrigger.

Schleppfischer mit Stuckirolle.

Spinnködern eingehängt werden können. So ist es möglich, mit kleinen, leichten Spinnködern sehr tief zu fischen. Hat man einen Fisch am Haken, so muss dieser vorsichtig bis zum Erscheinen der Schlaufe an der Oberfläche heraufgezogen werden. Dann wird die Schlaufe von der »Stuckirolle« abgehängt und an der Schnur der bereitliegen-

den Handangel befestigt. Nun kann der Fisch ganz normal weiter gedrillt werden.

Ein anderes System um relativ kleine Köder sehr tief führen zu können, ist der sogenannte Downrigger. Hierbei wird ein 500 bis 1000 g schweres Bleigewicht in die gewünschte Tiefe hinuntergelassen. Am Bleigewicht befindet sich eine Einhängevorrichtung, in welche die Angelschnur vor dem Ablassen ein-

Auch Döbel nehmen Spinner.

Köderfischsysteme eignen sich gut für das Schleppangeln: 1 Klammersystem, 2 Drachkowitchsystem, 3 Stockersystem, 4 Planseesystem.

geklinkt wird. Beim Biss löst sich die Angelschnur aus der Vorrichtung und der Fisch steht ohne Bleibeschwerung in direkter Verbindung mit dem Angler. Der Downrigger kommt aus Nordamerika und wird dort bevorzugt beim Schleppen auf Pazifiklachse eingesetzt. Seit einigen Jahren ist der Downrigger auch in Europa im Salz- und im Süßwasser beim Schleppen auf Salmoniden (Forellen und ihre Verwandten) und Hechte sehr beliebt.

Spinnfischen ist nahezu in jedem Gewässer anwendbar, das einen Raubfischbestand aufweist. Zu fangen sind Arten, die ab einem be-

Hecht, der dem Wobbler nicht widerstehen konnte.

stimmten Körpergewicht oder einem gewissen Alter regelmäßig von kleineren Beutefischen leben. Hierzu gehören etwa Hecht, Zander, Wels, Barsch, Forelle und Saibling im Süßwasser sowie Dorsch, Hornfisch, Lachs, Makrele und Meerforelle im Salzwasser. Seltener fängt man mit Kunstködern Fische, die nur gelegentlich auf Raub ausgehen. Darunter fallen Döbel (Aitel) und Quappen (Rutten). Immer wieder hört man auch von Fängen kapitaler Friedfische mit der Spinnangel, z. B. Karpfen, Barben und Brachsen. Dies sind jedoch Ausnahmen.

Der Hecht ist Deutschlands Angelfisch Nummer eins. Am meisten wird ihm mit der Spinnangel nachgestellt. Man trifft ihn in nahezu allen Lebensräumen, von den Brackwasserregionen der großen Flussmündungen bis hinauf zu den Gebirgsseen, wo er nicht selten noch in 1500 m Höhe vorkommt. Als Standfisch lauert er meist bewegungslos auf vorbeischwimmende Beutefische, um dann blitzschnell vorzustoßen und zuzupacken. Die weidgerechteste Art, Hechte zu fangen, ist Spinnfischerei mit künstlichen Ködern oder toten Köderfischen am System. Die in der Vergangenheit weit verbreitete Fangtechnik mit dem lebenden Köderfisch (Stellfisch) gilt als nicht fischgerecht und ist unter Tierschutzaspekten als rechtswidrig anzusehen.

Wesentlich größere Bedeutung als früher kommt bei der Frage nach den Fangerfolgen neuerdings der Fangtechnik zu. Hier hat sich in letzter Zeit ein Wandel vollzogen. War noch vor einem Jahrzehnt nahezu jeder Blinker ein stets fängiger Köder für den Hecht, so ist jetzt an manchem Fischwasser oftmals nur schon das Benutzen etwas auffälliger Stahlvorfächer eine Garantie für Erfolglosigkeit. Die Fische sind vorsichtiger geworden. Ihre Sinne für Gefahr, die vom Fischer ausgeht, sind geschärft. Mittlerweile bedarf es ausgeklügelter Fangmethoden, um sie zu überlisten. Es ist daher bei anhaltendem Misserfolg geboten, die bisherige Fangtechnik zu überprüfen und gegebenenfalls auf modernere Methoden umzurüsten. Beispielsweise kann die Verwendung des Stockersystems mit montiertem Köderfisch oder der Einsatz von Wobblern, welche exakt wie echte Fische aussehen, in schwierigen Situationen doch noch zum Erfolg führen.

Fliegenfischen

Vielen Angelfischern gilt das Fliegenfischen als die ranghöchste Disziplin. Es ist eine ausgesprochen elegante, vor allem aber fischgerechte Angelmethode. Sie stellt höchste Anforderungen an die geistigen und körperlichen Fähigkeiten des Anglers. Die physische Belastung während des dauernden Werfens, des Watens und die gesteigerten Ansprüche an die Beobachtungsgabe sowie das Reaktionsvermögen erfordern gutes Zusammenspiel von Geist und Körper. Dem Anfänger ist zu raten, die nötigen Grundkenntnisse in einem

Fliegenfischer in Aktion.

speziellen Fliegenfischerkurs zu er-
werben. Mit der Fliege wird nicht
nur Salmoniden (z. B. Forellen und
Äschen) nachgestellt, sondern auch
Döbeln (Aitel), Nerflingen (Aland),
Hechten, Karpfen, Rapfen (Schied)
usw. Mit Ausnahme des Aales ist
es möglich, fast alle heimischen
Fischarten mit der Fliege erfolgreich zu überlisten. Damit ist Flie-

Ein knackiger Hecht, der dem Streamer nicht widerstehen konnte.

genfischen praktisch in jedem Gewässer erfolgreich anzuwenden. Als Köder werden fast ausschließlich künstliche Fliegen verwendet. Man unterscheidet drei Formen des Fliegenfischens:

Angeln mit der Trockenfliege:
Die Fliege treibt auf der Wasseroberfläche und täuscht ein frisch geschlüpftes, eierablegendes oder ein ins Wasser gefallenes Insekt vor.

Angeln mit der Nymphe:
Die Fliege sinkt mit der Schnur ab und treibt einige Zentimeter oder Dezimeter unter der Wasseroberfläche. Nymphen imitieren Insektenlarven in ihren verschiedenen Stadien.

Angeln mit dem Streamer:
Streamer werden in unterschiedlichen Wassertiefen ruckartig mehr oder weniger schnell eingeholt. Sie imitieren in der Regel flüchtende Beutefische.

Beim Fliegenfischen wird bevorzugt Fischen nachgestellt, die sich zur Wasseroberfläche hin orientieren. Bei der Annäherung ist daher besondere Vorsicht geboten. Übereilte Bewegungen und geräuschvolle Betätigungen sind zu vermeiden. Beim Anpirschen ist auf Ausnützung jeder sich bietenden Deckung zu achten. Vom Ufer sollte man mindestens auf Rutenlänge entfernt bleiben. Wichtig ist auch unauffällige Kleidung und stete Beachtung des Sonnenstandes, damit

Äschen kann man mit Nymphen locken.

45

Eine klassische Trockenfliege – die Adams – in Fallschirmbindeweise.

Eine Lachsfliege (Hairwing).

Die Adams in traditioneller Bindeweise.

Ein Forellenstreamer – der Zonker.

Eine Allroundnymphe.

Ein moderner Großstreamer für Hechte.

der Schatten des Anglers nicht aufs Wasser fällt. Beim Waten hüte man sich, platschende Geräusche zu erzeugen und den Gewässergrund aufzuwirbeln, so dass es zur Trübung des Wassers kommt. Bei der Wahl des Angelplatzes sind nicht nur gute Wurfmöglichkeiten zu berücksichtigen, sondern es ist vor allem auch darauf zu achten, dass ein gehakter Fisch sicher gelandet werden kann.

Ein Koppenstreamer und das
natürliche Vorbild.

Eine Steinfliege und ihre Imitation.

Eine Heuschrecke und ihre
Nachahmung.

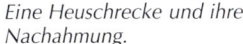

Die Wahl der richtigen Fliege, die
korrekte Präsentation, sowie die natürlich erscheinende Führung der
Fliege sind wichtige Voraussetzungen für den Erfolg.

Früher war das Fliegenfischen einer
fischereilichen Elite vorbehalten,
da nahezu ausschließlich auf Salmoniden gefischt wurde. Der elitä-
re Anspruch ist heute ein wenig ins
Wanken geraten. Neue Methoden
und Geräte erlauben es, in den
unterschiedlichsten Gewässertypen
mit der Fliege auf fast alle Fischarten zu fischen. Da nicht mehr nur
die zahlenmäßig begrenzten exklu-
siven Salmonidenstrecken für das
Fliegenfischen zu Verfügung stehen, kann heute eine viel größere

Die Ausrüstung des Fliegenfischers.

Forelle mit der Flugangel gefangen.

Anzahl von Anglern der Fliegenfischerei nachgehen.

**Dennoch ist heute wie früher die
Forelle der Angelfisch Nummer
eins für den Fliegenfischer.** Es gehört zu den faszinierendsten Er-
lebnissen in der Fliegenfischerei
kapitale Forellen beim Abendsprung zu überlisten. Große Forellen, welche tagsüber in ihren
Verstecken ausharren, verlassen in
der Abenddämmerung den Unterstand, um sich an den eierab-
legenden Insekten – welche auf
der Wasseroberfläche herantreiben
– satt zu fressen. Auf der Oberfläche sind dann viele einzelne
»Ringe« – verursacht durch das
Steigen der Fische – erkennbar. In
diesen Momenten verlieren die
sonst so scheuen Gesellen ihre
Vorsicht und schlürfen die vom Fliegenfischer angebotene Trockenfliege gierig ein. Der anschließende
Drill der großen Forellen am feinen
Gerät fordert dem Fliegenfischer all
sein Können ab. Wer einmal einen
Abendsprung in einem guten Forel-
lenwasser erlebt hat, der wird dieses Erlebnis nicht so schnell vergessen.

Gerätezusammenstellung

Wesentliche Voraussetzung für den
Fangerfolg ist eine optimale Zusammenstellung des Angelgerätes.
Unter anderem setzt sie eine rea-
listische Einschätzung des Fischwassers und der in erster Linie dort
vorkommenden Fische voraus. Bei
der Wahl und Abstimmung von

Rute, Rolle, Schnur, Vorfach, Haken und Köder hat sich der Angler
nicht am Wunschfisch zu orientieren, sondern einzig und allein an
dem zu erwartenden Fisch, wie er
sich aus der Gewässerbeschaffen-
heit und den bisherigen Fängen in
etwa abschätzen lässt. Auf die
Größe der Fische abgestimmt ergeben sich dann – und zwar unab-
hängig von der Angelmethode –
Rutenstärke (angegeben in g-Wurf-
gewicht), Rollengröße und Spezi-
fikationen aller anderen notwendigen Ausrüstungsteile. So kann sich
derjenige, der zielbewusst mit feiner Schnur und leichtem Gerät auf
Kleinfische angelt, nicht gleichermaßen fangtechnisch darauf vorbe-
reiten, dass ein kapitaler Fisch den
für ihn nicht bestimmten Köder
nimmt.

Universalgerät für effiziente Fischerei sowohl auf Klein- als auch auf
Großfische gibt es bisher nicht.
Ganz besonders sorgfältige Abstimmung und beste Qualität in jedem
Ausrüstungsdetail beugen aber der
Gefahr von Fisch- und Schnurver-
lust weitgehend vor. Man hat unter
diesen Voraussetzungen eine recht
gute Chance, auch einen wesentlich schwereren Fisch als den er-
warteten an Land zu bringen, be-
hutsamer und fachgerechter Drill
vorausgesetzt.

In der Zusammenstellung von Angelgerät nach Fischgewichten, unter
Berücksichtigung von Raub- und
Friedfischen, besteht für den Angler
eine unkomplizierte und praxisbe-
zogene Orientierungshilfe, die vor
allem dem wenig erfahrenen Angler
die Gerätewahl erleichtert.

Welche Ausrüstung für welchen Fisch?

Süßwasserfische

Schwere Fische bis ca. 30 kg Gewicht
Grund- und Spinnangeln: Ausrüstung ⑥
z. B. Wels, Huchen, Großhecht, Groß-
karpfen
Schwere Grund- und Spinnruten, Wurf-
gewicht 80 bis 200 Gramm
Schnurstärke: 0,60 mm
Pose: Bis 100 Gramm Tragkraft
Rolle: Schwere Stationär- oder Multirolle

Fliegenrute: Ausrüstung ⑤
z. B. Lachs, Huchen, Hecht
Zweihand-Fliegenrute, Fliegenrolle und
-schnur, jeweils AFTMA-Klasse 9 bis 13

Mittlere Fische bis max. 3 kg Gewicht
Stipp-, Grundangel: Ausrüstung ②
z. B. Schleie, Brachse, Aitel, Nerfling,
Aal, Hecht

Spinnangel: Ausrüstung ③
z. B. Forelle, Äsche, Saibling, Barsch,
Zander, Hecht
Mittlere Stipp-, Grund- und Spinnruten,
Wurfgewicht 30 bis 80 Gramm
Schnurstärke: 0,40 mm
Pose: 5 bis 15 Gramm Tragkraft
Rolle: Mittlere Stationär- oder Multirolle

Fliegenrute: Ausrüstung ④
z. B. Forelle, Äsche, Saibling, diverse
Weißfische
Einhandfliegenrute, Fliegenrolle und
Fliegenschnur, jeweils AFTMA-Klasse 4
bis 8

Leichte Fische bis max. 1 kg Gewicht
Stipp- und Grundangel:
Ausrüstung ① und ②
z. B. alle Köderfische wie Laube, Rot-
auge, Hasel, Karausche
Leichte Stipp- und Grundruten, Wurf-
gewicht 10 bis 30 Gramm
Schnurstärke: 0,10 bis 0,29 mm
Pose: 2 bis 10 Gramm Tragkraft
Rolle: Leichte Stationärrolle

Fliegenrute: Ausrüstung ④
z. B. Forelle, Äsche, Saibling, diverse
Weißfische
Einhandfliegenrute, Fliegenrolle und
Fliegenschnur, jeweils AFTMA-Klasse 0
bis 4

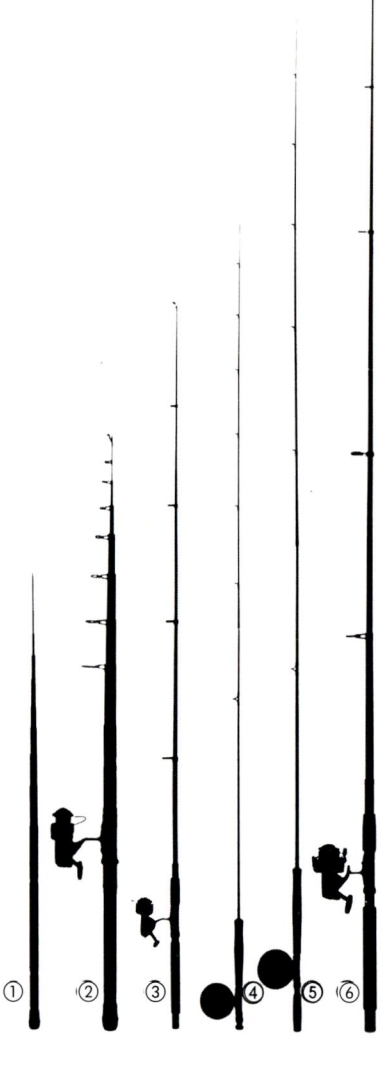

⑥ Wels

⑤⑥ Lachs

⑥ Hecht

⑥ Karpfen

②③ Aal

② Schleie

③④ Forelle

② Döbel

③④ Äsche

① kleine Weißfische
z. B. Ukelei

Abdruck mit freundlicher Genehmigung der Firma Balzer GmbH, Lauterbach

51

Salzwasserfische

Großfische über 30 kg Gewicht
Big-Game-Fishing: Ausrüstung ⑩
z. B. Schwertfisch, Thun, Großhaie,
Marlin
Hochsee-Ruten mit kräftigster Aktion,
Wurfgewichte ab 200 Gramm
Schnur: geflochtene Schnur ab 30 kg
Tragkraft
Rolle: Meeres-Multirolle ab internatio-
nale Größe 9/0

Schwere Fische bis ca. 30 kg Gewicht
Ausrüstung ⑧ und ⑨
z. B. Conger, Seebarsch, Grundhaie,
Dorsch
Boots-, Pilk- und Brandungsruten,
schweres Spinngerät, Wurfgewicht
80 bis 200 Gramm
Schnurstärke: ab 0,60 mm oder geflochte-
tene Schnur bis 30 kg Tragkraft
Rolle: Multirolle ab internat. Größe 4/0
Schwere Stationärrolle

Mittlere Fische bis ca. 3 kg Gewicht
Ausrüstung ⑦
z. B. Hornhecht, Makrele, Plattfisch
Boots- oder Spinnruten mittlerer
Aktion, Wurfgewichte 30 bis 80 Gramm
Schnurstärke: bis 0,50 mm
Rolle: Mittlere Stationär- oder Multirolle

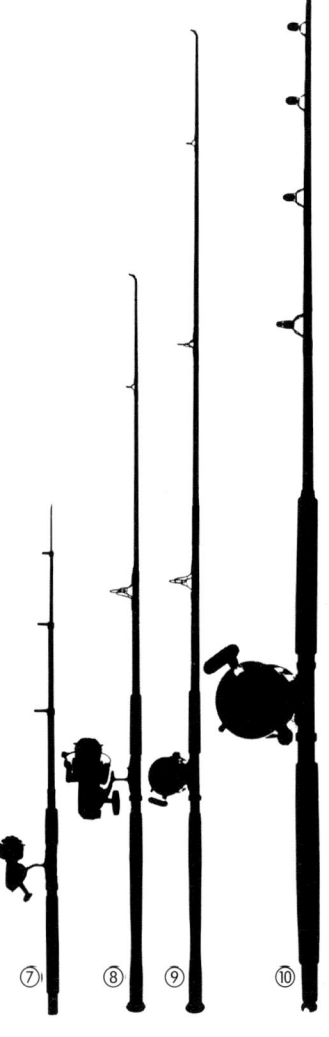

⑦   ⑧   ⑨   ⑩

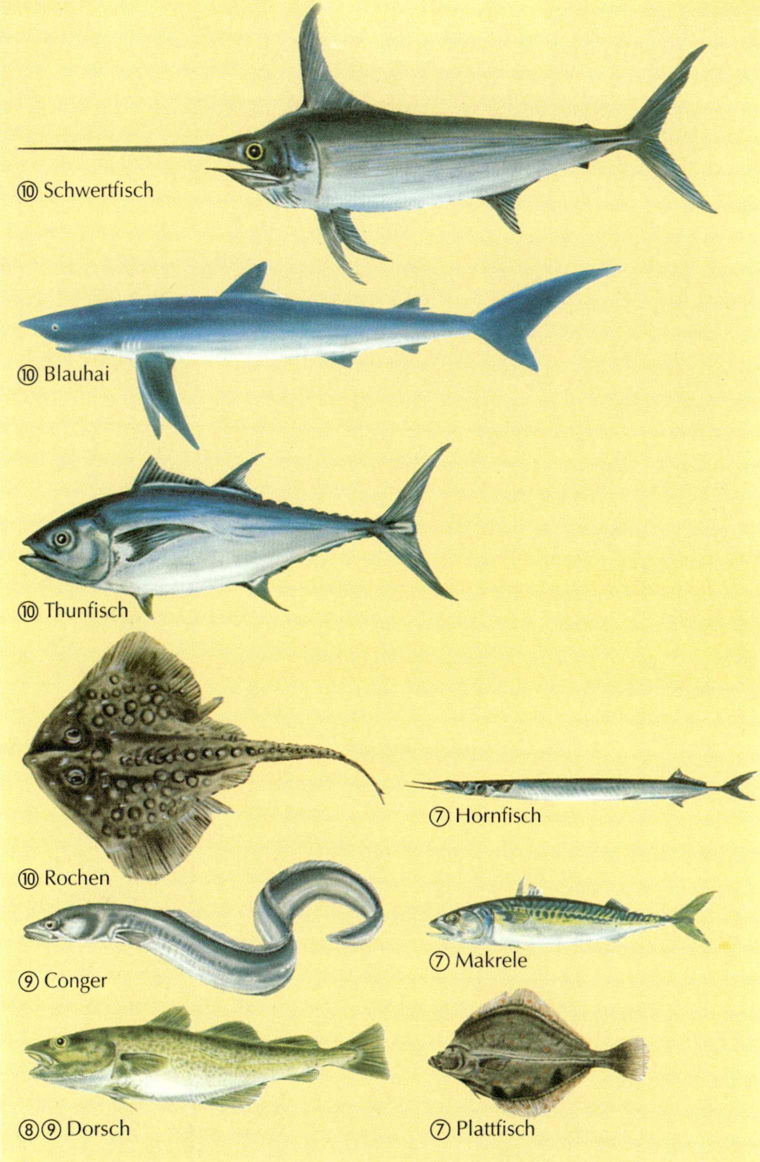

⑩ Schwertfisch

⑩ Blauhai

⑩ Thunfisch

⑩ Rochen

⑨ Conger

⑧⑨ Dorsch

⑦ Hornfisch

⑦ Makrele

⑦ Plattfisch

Abdruck mit freundlicher Genehmigung der Firma Balzer GmbH, Lauterbach

53

Angelfische des Süßwassers

Bachforelle.

Regenbogenforelle.

See-Saibling.

Äsche.

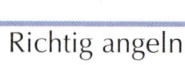

Huchen.

Lachs.

Wels.

Spiegelkarpfen.

Schleie.

Brachse.

Nase.

Barbe.

Aitel.

Barsch.

Zander.

Aal.

Am Fischwasser

Modernes Gerät, ein fischreiches Gewässer und ein unternehmungslustiger Angler – diese Kombination klingt vielversprechend im Hinblick auf attraktive Fänge. So glaubt der Anfänger und kehrt dennoch von seinen ersten Angelausflügen meist ohne Beute und recht enttäuscht zurück. Aufkommende Zweifel richten sich in erster Linie auf die Qualität von Fischbestand und Fanggerät. Auf die Idee, es nicht am richtigen Ort versucht oder die Fische durch ungeschicktes Hantieren verschreckt zu haben, kommen die wenigsten. Und doch sind das Erkennen geeigneter Fangplätze, die Wahl des Angel-platzes und entsprechendes Verhalten des Anglers von elementarer Bedeutung für den Fangerfolg. Wer glaubt, auf die Beschäftigung mit diesen Dingen verzichten zu können, kommt über das Stadium eines »Zufallsfängers« nicht hinaus.

Abgesehen von der guten Beherrschung des Fanggerätes besteht die eigentliche Kunst des Angelns darin, Gefühl und Erfahrung dafür zu entwickeln, wo sich Fische zum jeweiligen Zeitpunkt befinden, wie man unbemerkt nahe genug an sie herankommt und wann sie diesen oder jenen Köder besonders anziehend finden. Entsprechende Kenntnisse sind nicht in herkömmlichem

Wenn der Vater mit dem Sohne . . .

Früh übt sich …

Sinn zu erlernen. Sie offenbaren sich nur demjenigen, der den ständigen Kontakt mit der Natur sucht, der zu beobachten weiß und gewonnene Erfahrungen anzuwenden versteht.

Als Angelneuling verzichtet man am besten während der ersten Stunden am Fischwasser gänzlich auf jeden Gebrauch von Angelgerät. Viel besser ist beraten, wer sich ausschließlich darauf beschränkt, der Natur einmal mit offenen Augen zu begegnen. Zuerst ist man mit Sicherheit verwundert, wenn man in einem erwiesenermaßen fischreichen Bach keinen einzigen Fisch zu Gesicht bekommt. Jetzt heißt es jedoch, Geduld zu haben, sich einmal ruhig ans Wasser zu setzen und nur zu beobachten. Es dauert einige Zeit, bis sich die Augen an das ungewohnte Spiel der Spiegelung und Reflexe auf

der Wasseroberfläche gewöhnt haben, bis man trotz klaren Wassers etwas tiefere Einblicke gewinnt. Hierbei ist die im Fachhandel erhältliche Polarisationsbrille ein wichtiges Hilfsmittel, da sie Spiegelungen weitgehend ausschaltet. Bei genauerem Hinsehen stellt sich heraus, dass der Gewässerboden nicht nur aus unbelebter Materie, Steinen, Sand und Schlamm besteht, sondern dass sich dort eine Vielzahl von Kleintieren tummelt. Köcherfliegenlarven schleppen ihre kunstvoll aus Steinchen und Pflanzenteilen zusammengeklebten Gehäuse über den Grund, Eintags- und Steinfliegenlarven klammern sich selbst stärkster Strömung trotzend an moosbewachsenen Steinen fest, und Schnecken weiden die Algenbeläge von Wasserpflanzen ab. Nach einigen Minuten ruhigen und konzentrierten Hineinsehens bemerkt man auch den ersten Fisch. Vielleicht stand er schon die ganze Zeit über im Schutz des dichten Pflanzenpolsters. Gute Tarnung und die farbliche Anpassung an seine Umgebung haben ihn vor schnellem Entdecktwerden geschützt.

Bei genauer Betrachtung von Färbung, Körperform und Fettflosse erkennt man die Bachforelle. Plötzlich und völlig unvermittelt löst sie sich aus ihrer Deckung, steigt nach oben, lässt sich dann aber sofort wieder in ihr Versteck zurücksinken. Dort, wo das Fischmaul die Wasseroberfläche durchbricht, um blitzschnell nach einem vorbeitreibenden Insekt zu schnappen, entsteht ein kleiner Wellenring, eine »Steigmarke« – der erste Hinweis auf einen Fangplatz.

Nicht in alle Gewässer und nicht in jedes Fischverhalten kann man so leicht Einblick gewinnen wie in den klaren Forellenbach. Größere Seen oder Fließgewässer, noch dazu mit trübem Wasser, offenbaren ihre Geheimnisse nicht so ohne weiteres. Dem Angler aber, der auf Grund von Beobachtungen mit dem Verhalten von Fischen vertraut ist, wird es schon bald gelingen, seine Kenntnisse so situationsgerecht einzusetzen, dass er sich auch unter schwierigen Bedingungen sehr schnell als erfolgreich erweist. Sein Erfahrungsschatz, welcher im Laufe der Jahre immer größer wird, ist es, der ihn zum erfolgreichen Angler macht.

Fangplätze

Woran erkennt man sie? Über den Versuch, auf diese Frage Antwort zu geben, sind ganze Bibliotheken entstanden. Hier werden nur einige, eher allgemeine Hinweise gegeben, die den Interessierten in die Lage versetzen, sich vor Ort selbst weiterzuhelfen. Fische befinden sich in der Regel dort, wo sie sich vor Zugriffen von Feinden schützen können, wo Schutz vor zu starker Strömung besteht und wo ausreichend Nahrung vorhanden oder zumindest in der Nähe zu finden ist. Unterstände und Nahrung spielen also die entscheidende Rolle. Relativ einfach stellen sich die Verhältnisse in Fließgewässern dar, vor allem dann, wenn sie

Totholz am Flussufer – hier stehen große Fische.

klein und übersichtlich sind. Hier geht es in erster Linie darum, sich auf jene Unterwasserstrukturen zu konzentrieren, die als Unterstände in Frage kommen, wie Höhlungen unterspülter Ufer, abgesunkene Äste und Bäume oder große Steine. Besonders Gehölzstrukturen, unter anderem auch das sogenannte Totholz (ins Wasser gefallene Bäume und Äste) zählen zu den wichtigsten Unterständen für Fische aller Arten und Altersklassen.

In der Vergangenheit wurde das Totholz meist aus dem Wasser entfernt. Gewässerunterhalter und Angler wollten möglichst aufgeräumte Bäche und Flüsse, allerdings aus unterschiedlichen Interessenlagen. Die Wasserwirtschaft sieht im Totholz eine Behinderung des Abflusses, sowie eine Gefahr für Brücken und Stege bei Hochwasser. Die Angler sehen im Totholz ein Fanghindernis.

Gehölze und Totholz gehören jedoch zum natürlichen Inventar unserer Fließgewässer. Neben ihrer Funktion als Unterstände und Schutzräume für Fische ist Holz wichtiges Besiedlungs- und Nahrungssubstrat für viele wirbellose Kleintiere (Fischnährtiere). Darüber hinaus spielt Totholz eine bedeutende Rolle bei der natürlichen Ausbildung von Gewässerstrukturen wie Gumpen und Kiesbänken. Heute wird man sich allmählich der Bedeutung des Totholzes bewusst und belässt es immer öfter

An Wasserfällen lässt sich immer etwas fangen.

dort, wo es hingehört, nämlich im Gewässer.

Doch zurück zu den Fangplätzen. Auch zwischen Wassertiefe und Schutzfunktion besteht ein direkter Zusammenhang. Natürliche Gumpen und Kolke wie auch Stellen unterhalb von Wehren sowie Mühlschüssen haben daher eine hohe fischereiliche Bedeutung. Je großräumiger der Unterstand, desto eher stehen dort große Fische.

Wer die Strömung »lesen« kann, fängt große Fische.

Ein erfahrener Angler zeigt dem »Nachwuchs«, wo die Fische stehen.

Manche Fischarten suchen nachts andere Standplätze auf als am Tage. Scheue Räuber, die tagsüber verborgen in einem Unterstand ausharren, kommen zum Fressen im Schutze der Dunkelheit aus ihren Einständen heraus. Grundsätzlich sind solche Standorte besonders günstig, an denen schutzbietende Strukturen und Fressplätze nahe beisammen liegen. In Fließgewässern spielt auch die Hochwasserdynamik eine große Rolle für die Standortwahl der Fische. Je nach Wasserstand suchen sich die Fische die für sie jeweils optimalen Standorte aus.

Noch einmal zurück zur Bachforelle. Sie ist bekanntlich ein Revierfisch. Man trifft die gleichen Fische immer wieder an den angestammten Plätzen. Fängt man eine solche »Platzforelle« aus ihrem Revier heraus, besetzt alsbald eine andere Forelle aus der Umgebung den frei gewordenen Unterstand. Weil hier Fang und erneutes Fischeinstellen in rascher Folge geschehen, genießen solche Stellen den Ruf eines attraktiven Fangplatzes.

Wesentliche Bedeutung im Hinblick auf Fangplätze kommt auch Unterwasserpflanzen zu. Besonders in solchen Fließgewässern, deren Untergrund weitgehend ungegliedert ist, stellen Pflanzenpolster und Krautbetten die einzig tauglichen Fischunterstände dar. Die Wasserpflanzen verwirklichen des weiteren in besonders günstiger Weise die Kombination von Schutz und Nahrung, weil sie in der Regel eine große Zahl von

Fischnährtieren beherbergen. Hinweise auf Fangplätze gewinnt man im Fließgewässer auch aus der Strömung. Diese führt immer größere Mengen an Nahrung mit sich. In strömungsabgewandten Zonen, im Bereich von Gegenströmungen oder im Umkreis von Wasserwirbeln kommt es zur Nahrungskonzentration, welche die Fische naturgemäß anzieht.

In größeren Fließgewässern, Flüssen und Strömen gelten für den Aufenthaltsort der Fische ähnliche Kriterien wie für den kleinen Bach. Nur sind die Verhältnisse hier nicht mehr so leicht überschaubar. Bei den ersten Angelversuchen sollte

Flussfischerei: Der Buhnenkopf ist ein erfolgversprechender Angelplatz.

Sportboote und Kajakfahrer – Gemeingebrauch der Gewässer
zum Schaden von Fischen und Fischerei.

man sich die Erfahrungen anderer zunutze machen. Wo stehen die »Spezialisten« und mit welchem Köder sind sie erfolgreich? Fragen kostet nichts und bringt mit Sicherheit manch wertvolle Anregung. Als besonders gute Fangplätze gelten: Buhnenköpfe, Altwässer und deren Verbindungen zum Hauptfluss, sowie die Mündungsgebiete von Nebenflüssen. Zusammengefasst: Alle uneinheitlich strukturierten Gewässerbereiche besitzen für Fische magische Anziehungskraft.

Entschieden negativ wirken sich demzufolge technische Eingriffe in das Gewässerregime aus. Wasserbauliche Maßnahmen wie Begradigungen, einförmige Ufergestaltung und gleichmäßige Eintiefungen haben die Fische aus ihren angestammten Gebieten vertrieben und die Fischerei vielerorts zum Erliegen gebracht. Verluste von Unterständen und Revieren haben dazu geführt, dass noch verbliebene Fische nicht mehr standorttreu sind – ehemals attraktive Fangplätze sind verloren gegangen. In monotonen und rasch dahinfließenden Strecken können sich die meisten Fische nicht über einen längeren Zeitraum halten und wandern ab. Außerdem haben Kormorane und Gänsesäger wegen der fehlenden Unterstände hier ein leichtes Spiel.

Auf den ersten Blick gestaltet sich die Suche nach dem Fisch und damit die Wahl von Fangplätzen in stehenden Gewässern schwieriger als in Fließgewässern. Seen sind allein aufgrund ihrer Dimension und durch die größeren Wassertiefen meist unübersichtlich. Nach fischereilicher Erfahrung erweist sich der Bereich im Übergang vom Flachwasser in die Tiefenzone, die sogenannte Halde oder Scharkante, als das Gebiet der größten Fischkonzentration. Hier liegen dem-

Aufenthaltsbereiche der einzelnen Fischarten in einem See.

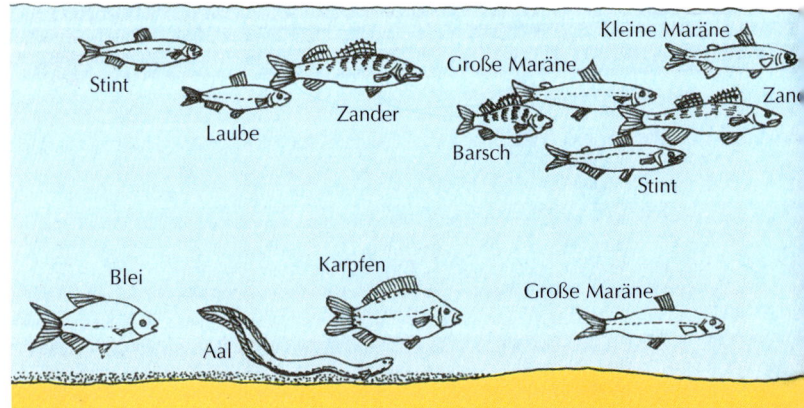

nach für die Angelfischerei die besten Fangplätze. Ähnlich wie im Fließgewässer bevorzugen die Fische auch im See verschiedenartig gegliederte und strukturierte Bereiche als Aufenthalt. Das Fischen auf sogenannten Barsch- oder Zanderbergen (Unterwassererhebungen) eröffnet daher gute Chancen. Als geradezu klassischer Platz zum Fang von Hechten gilt die Scharkante. Jeder erfahrene Angler ist bemüht, beim Spinnfischen oder Schleppen vom Boot aus den Köder möglichst exakt an der Kante entlangzuführen.

Leider hat sich innerhalb der letzten Jahre vielerorts ein Wandel vollzogen, so dass die »klassischen« Fangplätze in Seen oftmals nicht mehr ergiebig sind. Die mit den zunehmenden Freizeitaktivitäten der Menschen einhergehende Gewässerberuhigung hat die Fische an vielen Seen aus ihren angestammten Aufenthaltsbereichen vertrieben. In stark frequentierten Gewässern ist den Fischen nichts anderes übrig geblieben, als sich in größere Wassertiefen zurückzuziehen. Die Fischereiausübung gestaltet sich damit nicht nur schwieriger, sondern der ganze Fischfang ist viel weniger kalkulierbar geworden. Plötzlich fängt man Hechte eben nicht mehr entlang der Scharkante, sondern mitten im See, oftmals über der größten Wassertiefe. Umweltbedingtes Reagieren der Fische, Änderungen der bisherigen Verhaltensweisen, generell also zunehmend Bewegung, welche in die bisher festgefügte Ordnung kommt, wird die Fischer zwingen, mehr denn je ihre Aufmerksamkeit dem Verhalten der Fische zuzuwenden und vor allem auch zu lernen, schnell auf veränderte Gegebenheiten mit entsprechender Fangtechnik zu reagieren.

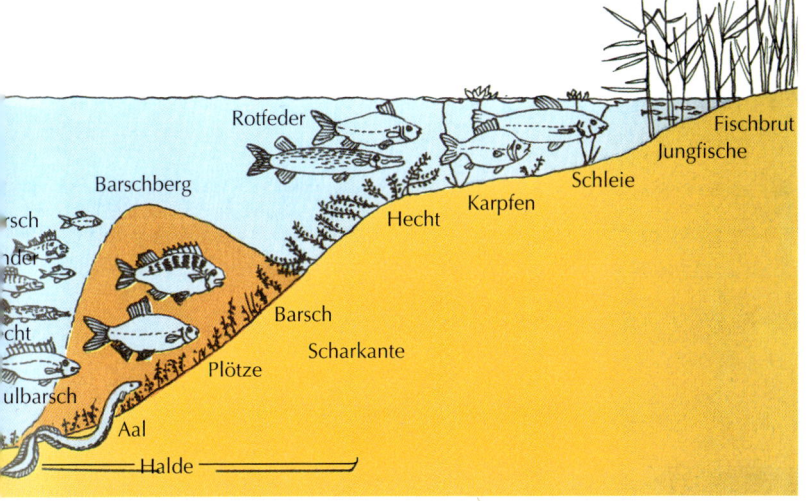

Angelplätze

Von den Fangplätzen nun zu den Angelplätzen. Beide müssen im Sinne erfolgreicher Fischerei in einem bestimmten Verhältnis zueinander stehen. Was hilft einem der aussichtsreichste Fangplatz, wenn er außerhalb der Reichweite liegt. Die Distanz wird begrenzt durch die Wurfweite, z. B. beim Spinnfischen oder etwa durch die Rutenlänge beim Stippfischen. Der Angelplatz ist also der Standort des Anglers, von dem aus das Fanggerät bedient und an dem der Fisch angelandet wird. Beim Fliegenfischen gibt es keine festen Angelplätze. Hier spricht man von Angelstrecken, die entlang des Ufers oder im Wasser watend abgegangen werden. Aus speziellen Tätig-

keitsabläufen während des Angelns ergeben sich bestimmte Voraussetzungen, denen Angelplätze genügen müssen:

- Bequemer und sicherer Standplatz.

- Ausreichende Bewegungsfreiheit.

- Gute Deckung.

- Sicheres Landen der Beute.

Niemand angelt gern in unbequemer Stellung, abgesehen davon sollte man seine Konzentration dem Fischfang zuwenden können und nicht dauernd an der Verbesserung des Standplatzes arbeiten müssen.

Ideale Kombination – Angel-, Fang- und Schlafplatz.

Ursache für Verluste an Material und Fischen ist oftmals ein räumlich zu beengter Angelplatz. An solchen Stellen ist die Bewegungsfreiheit des Anglers beim Wurf oder Drill so stark eingeschränkt, dass er sich nicht so verhalten kann, wie es die Umstände erfordern. Ständig läuft er darüber hinaus Gefahr, mit dem Fanggerät an Ästen, Sträuchern oder sonstigen Hindernissen hängen zu bleiben. Dass eine solche Fischerei nur wenig Spaß macht, vor allem dann, wenn man den »Jahrhundertfisch« gerade verloren hat, versteht sich von selbst. Aktionsradius und Bewegungsfreiheit müssen zur benötigten Deckung nicht im Widerspruch stehen, obwohl dies auf den ersten Blick so scheinen könnte. Hier beginnt die Kunst, verschiedenartigste

Geschicktes Verhalten garantiert den Erfolg.

Ansprüche so aufeinander abzustimmen, dass allem Genüge getan ist. Die Silhouette des Anglers darf sich niemals gegen den freien Himmel abzeichnen, wenn der Köder in Nähe des Angelplatzes platziert wird. Es ist daher auf ausreichende Hintergrunddeckung zu achten, z. B. durch Bäume, Sträucher oder die Uferböschung selbst. Wenn die Fangplätze in Ufernähe liegen, ist strikte Sichtdeckung zum Wasser hin geboten – man fischt dann sozusagen von einem Versteck aus.

Besonders ärgerlich sind Fischverluste kurz vor oder beim Landen selbst. Angelplätze sind deshalb vielfach unter dem besonderen Anspruch auszuwählen, bei der Fischanlandung den entscheidenden Schritt in Richtung Fisch ohne größere Schwierigkeiten tun zu können.

Einige Bemerkungen zum Boot als Angelplatz: Boote verwendet man überall dort, wo erfolgversprechende Fangplätze vom Ufer aus angeltechnisch unerreichbar sind. Fischerboote sind heute in großer Auswahl am Markt. Sie genügen jedem Anspruch. Der Trend geht zu den praktisch wartungsfreien, leicht transportablen Kunststoffbooten. Wer nicht die herkömmlichen Ruder verwenden will, wählt den umweltfreundlichen und auch fangtechnisch annehmbaren lärmarmen Elektromotor als Antriebsmittel. Der Gebrauch von Verbrennungsmotoren (Außenborder) in der Angelfischerei an Binnengewässern ist inakzeptabel. Beim Anblick der Ausfahrt von Motorbootflotten ganzer Fischereivereine, wie

Bergseen haben es oftmals in sich.

an manchen Seen regelmäßig zu beobachten, fragt sich der Betrachter, wie sich solches Verhalten mit dem Anspruch der Angler vereinbaren lässt, doch selbst Gewässerschützer sein zu wollen.

Erfolgreiches Fischen vom Boot aus setzt eingehende Kenntnis des Gewässeruntergrundes und des Fischverhaltens voraus. Eingefleischte »Profis« messen deshalb neben der Fangtechnik der Erforschung der Fangplätze und der daraus abzuleitenden Stellung des Bootes höchste Bedeutung bei. Fortwährende Lotungen z. B. mit Hilfe eines Echolotes (der Einsatz von Echoloten während des Fischens ist nicht in jedem Bundesland zugelassen) und exakten Standortbestimmung mit Hilfe von Peilungen (z. B. mittels markanter Uferpunkte) sind Grundlage erfolgreicher Schleppangelei. Vielfach ist es nicht Ziel, weite Be-

reiche unter Befischung zu stellen, sondern ganz bestimmte Fangplätze aufzusuchen. Das Boot soll sich dabei möglichst nicht von der Stelle bewegen, es wird verankert. Vor dem Ankermanöver stellt man das Boot gegen den Wind. Der Anker wird über den Bug ausgeworfen und ausreichend Ankerleine ausgegeben. Als Faustregel gilt: Länge der Ankerleine gleich dreifache Wassertiefe. Wenn die Leinen zu kurz sind, kann der Anker nicht wie eine Pflugschar in den Gewässerboden eindringen. Er steht eher senkrecht und wird daher mit jeder Bewegung des Schiffes gelockert. Das Boot kommt ins Treiben – der mit Mühe aufgefundene Fangplatz gerät außer Reichweite. Ein Angler, der das Boot wirklich absolut ruhig stellen will, verwendet einen zweiten Anker am Heck des Bootes.

Gute Angelplätze finden sich nicht überall. Vor allem an neu entstandenen Gewässern wie Baggerseen,

◄ *Spinnfischer im Boot.*

Talsperren oder Kanälen ist es wegen fehlender Vegetation schlecht darum bestellt. Sinnvolle Bepflanzung von Ufern und Flachwasserbereichen schafft hier Abhilfe.

Früher war es üblich, dass Angler ihre Angelplätze selbst ausgelichtet und störende Ufergehölze herausgeschnitten haben. Schneisen wurden von ihnen ins Schilf geschnitten und im Wasser liegende Bäume (Geäst usw.) entfernt. Es ist zweifellos richtig, dass Ufergehölze den Angler behindern, Totholz zu Hängern führen kann und dass Wasserpflanzen das Angeln erschweren.

Heute verbieten sich jedoch alle Eingriffe in natürliche Gehölze, Schilf- oder sonstige Pflanzenbestände. Und dies einerseits aus der Rechtslage heraus (Wasserhaushaltsgesetz; Naturschutzrecht etc.), zum anderen auch, weil die ökologische und fischereiliche Bedeutung solcher Strukturen heute in unseren weitgehend ausgeräumten Gewässern viel größer ist als ehemals, insbesondere wegen der anhaltenden Problematik mit fischfressenden Vögeln (Kormoran, Gänsesäger etc.). Auch weiß man heute mehr: z. B. dass Totholz im Wasser wichtiger Unterstand und Jungfischlebensraum ist, oder dass

Äsche mit Kormoranschnabelspuren.

auch Wasserpflanzen als Unterstand, Laichsubstrat und Reservoir für Fischnährtiere fungieren.

Schilfgebiete wiederum sind bedeutsame Brut- und Jungfischlebensräume.

Es ist also lebenswichtig für den Fischbestand und damit auch vorteilhaft für den Angelfischer, die genannten Strukturen zu erhalten oder sogar zu fördern. Der Nutzen (mehr und größere Fische) ist weit größer, als der durch gelegentliche Hänger (Materialverlust etc.) entstehende Nachteil für den einzelnen. Es ist daher ein Umdenken bei den Anglern erforderlich.

Das Herstellen, Freischlagen und die völlig freie Wahl von Angelplätzen würde sicherlich die Durchsetzung mancher Ziele des Naturschutzes in Frage stellen. Andererseits ist ein gänzlicher Ausschluss der Angelfischerei unbegründet. Richtiges Verhalten vorausgesetzt, stört ein Fischer nicht mehr und nicht weniger als ein leidenschaftlicher Vogelbeobachter. Gegenseitiges Verständnis und Kompromissbereitschaft würden die schwelenden Konflikte sicherlich bald einer angemessenen Lösung zuführen. Für die Angelfischer beginnt dies mit der Einhaltung gewisser Regeln wie etwa die Ausweisung nur ganz bestimmter Angelbereiche, Beschränkung der täglichen Anglerzahlen und zeitlich festgelegte Betretungsverbote, wenn etwa bestimmte Vogelarten brüten.

Fliegenfischer unter ▶
dem Wasserfall.

Hochwasser ist keine Beißzeit.

»Beißzeiten«

Wann beißen nun eigentlich Fische? »Spezialisten« können das angeblich auf die Minute genau vorhersagen. In der Fachpresse finden sich mit sogenannten Beißzeitenkalendern die richtigen Zeitpunkte sogar tabellarisch aufgelistet. Komisch ist nur, dass selbst die Angelprofis öfter einmal mit ansehen müssen, wie Fische den zum richtigen Zeitpunkt angebotenen »unwiderstehlichen« Köder einfach links liegen lassen. Leider oder Gott sei Dank gibt es bisher keine wissenschaftlich gesicherten Erkenntnisse auf diesem Gebiet. Das Beißverhalten ist im einzelnen zu vielen und verschiedenartigen Einflüssen unterworfen. Gewisse Erfahrungswerte aber haben sich im Laufe der Zeit herauskristallisiert. In Verbindung mit persönlichen Beobachtungen lassen sich daraus von jedem Angler Tendenzen ableiten, wann die Chancen, diese oder jene Fischart zu fangen, einigermaßen günstig sind.

Aber auch aller Erfahrung schlägt die Natur immer wieder ein Schnippchen. Dies macht Angeln so faszinierend. Ist es nicht gerade jene Unsicherheit und spannungsgeladene Ungewissheit, den Fisch an den Haken zu bekommen oder nicht, die uns dazu bringen, immer wieder regungslos im Schilf zu sitzen, bis alle Glieder gefühllos sind und sich auch die letzte Mücke an unserem geduldigen Anglerblut sattgetrunken hat?

Verhalten

Wer erfolgreich Fische fängt, hat bei den Tieren das Gespür für die Gefahr nicht wach werden lassen, hat gar ihre Sinnesleistungen überlistet. Fische registrieren über das Seitenlinienorgan, den Ferntast-

»Fischblick« aus dem Wasser (schematische Darstellung); durchgezogene Linien geben den realen Standort des jeweiligen Objektes wieder; gestrichelte Linien zeigen den durch Lichtbrechung abgeänderten »scheinbaren« Standort aus Sicht des Fischauges.

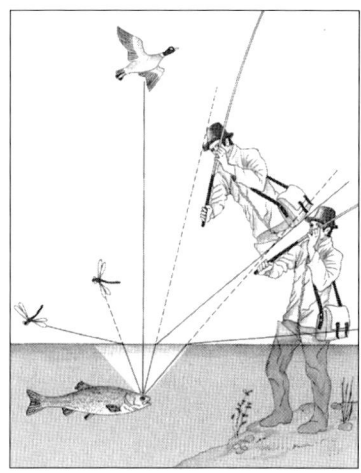

sinn, feinste Druckwellen, welche etwa von Bodenerschütterungen weitab des Geschehens herrühren können. Kein kräftiges Auftreten also, wenn man sich dem Angelplatz nähert! Die meisten Fischarten hören gut, Welse und Weißfische sogar ausgezeichnet.

Jede Art von Lärm am Angelplatz, das Quietschen von Ruderdollen im Boot, lautes Platschen beim Rudern oder Schläge gegen die Bordwand vergrämen Fische, bevor mit dem Angeln begonnen wird. Auch das lauthals herausgebrüllte, wenn auch noch so gut gemeinte »Petri Heil« beeinflusst die Fangaussichten sicher nicht positiv.

Man unterschätze auch nicht den Gesichtssinn von Fischen. Zwar lässt das Fischauge keine besonders scharfen Bilder zu, aber Bewegungen von Personen und Gegenständen außerhalb des Wassers werden gut wahrgenommen. Wegen ihres großen Gesichtsfeldes – jedes Auge hat einen Sehwinkel von etwa 160 Grad – sind Fische in der Lage, Dinge zu bemerken, die sozusagen hinter ihrem Rücken ablaufen. Je höher die Silhouette des Anglers sich über die Uferlinie erhebt, je schneller er sich bewegt, je auffälliger er farblich vom Hintergrund abweicht, um so eher wird er vom Fisch wahrgenommen. Von Bedeutung ist auch der jeweilige Sonnenstand. Ein aufs Wasser fallender Schatten des Anglers jagt die Fische sofort und für längere Zeit in ihre Verstecke.

Unruhe bei den Fischen kann man auch durch allzu heftige Aktionen unter Wasser erzeugen. Jeder Drill ist aus dieser Sicht so schnell wie möglich zu beenden. Da z. B. Karpfen und Brachsen meist zahlreich auf den Fangplätzen erscheinen, muss man sie, will man sich weitere Fänge nicht verderben, nach dem Biss äußerst vorsichtig aus dem Schwarm herausholen. Überstürzte Aktionen vertreiben die Tiere augenblicklich.

Bei solchem Wetter beißen große Huchen.

Ein riskantes Angelmanöver – nicht unbedingt zur Nachahmung empfohlen.

Sicherheit

Am Ende dieses Kapitels noch etwas, das sich jeder Angler besonders zu Herzen nehmen sollte. Neben all der geforderten Aufmerksamkeit der Umwelt und den Fischen gegenüber darf die Sorge um die eigene Sicherheit nicht verloren gehen. Fischer, die von übergroßen Fischen ins Wasser gezogen werden, sind häufig Gegenstand der Darstellung in Witzblättern. In Wirklichkeit werden unfreiwillige Bäder meist weniger humorvoll aufgenommen. Bei tiefen Wassertemperaturen, starker Strömung und steiler Uferböschung ist schon manch einer in arge Schwierigkeiten gekommen.

Nach Presseberichten zählt Angeln sogar zu den unfallträchtigsten Sportarten überhaupt. Die Leidenschaft scheint auch bei ansonsten besonnenen Menschen die Hemmschwellen deutlich he-rabzusetzen. Da wird dann in geradezu halsbrecherischer Weise versucht, besonders exponierte Standplätze zu erklettern. Auch ist oftmals das Vertrauen in die Haltbarkeit morscher Stege oder unterspülter Uferpartien bemerkenswert. An solchen Stellen ist schon mancher Angeltag vorzeitig und anders als erwartet zu Ende gegangen. Vorsicht deshalb an exponierten Ufern, besonders wenn loser Untergrund, Geröll oder gar vereister Boden (Huchenfischerei) zusätzlich Gefahr bringen. Auch beim Waten in unbekanntem Gelände ist stete Wachsamkeit am Platze. Was es heißt, bei starker Strömung mit voll gelaufener Wathose das rettende Ufer zu erreichen, kann nur beurteilen, wer es einmal versuchen musste. Bei weiten Wathosen aus Gummi sollte unbedingt ein Gürtel um die Brust getragen werden, der das Eindringen von Wasser verhindert. In moderne Wathosen aus eng anliegendem Neopren kann in der Regel kaum Wasser eindringen. Im Handel sind heutzutage Jacken und Westen mit einer integrierten Schwimmweste erhältlich, welche sich bei intensivem Wasserkontakt mittels einer Gaspatrone von selbst aufblasen.

Besondere Beachtung kommt bei dem Thema Sicherheit der Benutzung von Booten zu. Von der Sorglosigkeit, mit der unter Verzicht selbst primitivster Sicherheitsvorkehrungen und -ausrüstung aufs Wasser hinausgefahren wird, zeugen alle Jahre wieder die Unfallberichte in den Medien. Mindestforderungen an die Ausrüstung sind Auftriebskörper im Boot, so dass es auch in gekentertem Zustand noch Menschen tragen kann, dass sich ein großdimensionierter Wasserschöpfer an Bord befindet und dass Schwimmwesten oder Rettungsringe mitgeführt werden. Gerade weil Angler oftmals ganz gezielt kurz vor Gewittern ausfahren, haben die Forderungen nach mehr Sicherheit entschieden Berechtigung.

Umwelt- und Naturschutz

Der Umgang mit den Gewässern und seine Folgen

Natürliche Fließgewässer sind überaus komplexe Systeme, die einer Vielzahl an Tieren und Pflanzen Lebensraum bieten. Die Strömung, Wesenselement aller Bäche und Flüsse, bewirkt, dass sich die Umgebung für alle Gewässerbewohner laufend erneuert und verändert. Instabilität und Dynamik sind somit die natürlichen Grundlagen an die sich Wasserorganismen im Laufe der Jahrmillionen perfekt angepasst haben. Dies gilt im besonderen Maße für Fische. Fische, als die größten und beweglichsten der ständig im Süßwasser lebenden Tiere, sind beispielsweise darauf angewiesen, sich im Gewässer möglichst frei in Längs- und in Querrichtung bewegen zu können, sei es um flussaufwärts gelegene Laichplätze aufzusuchen, sei es um neue Nahrungsressourcen in tiefer gelegenen Flussabschnitten zu erreichen oder um bei Hochwasser in der überfluteten Flussaue Schutz vor der Strömung zu finden.

Etwa seit Anfang des neunzehnten Jahrhunderts hat der Mensch im verstärkten Maße den systematischen Kampf gegen die Dynamik,

Natürlicher Flusslauf (Isarmutterbett).

Kanalisierter Flusslauf (Isarkanal).

gegen das freie Fließen und gegen die Vernetzung natürlicher Bach- und Flussläufe aufgenommen.

Flusskorrekturen zum Zwecke des Hochwasserschutzes bzw. zur Landgewinnung und damit verbunden die Errichtung von Längsdämmen zwängten die ursprünglich oft reich verzweigten und weite Aueräume bewässernden Flüsse in ein vergleichsweise schmales Mittelwasserbett. Folge war die großflächige Abkoppelung von Auegebieten sowie die Abtrennung von Nebenarmen und Altwassern, insgesamt ein drastischer Rückgang der Vernetzung quer zur Fließrichtung.

Noch nachhaltiger wirkten sich naturgemäß Querbauwerke auf die Lebensgemeinschaften des Gewässers aus. Schon bald nach Beginn des Baus von Wehren in den größeren Flusssystemen erkannte man die fatale Wirkung solcher Barrieren auf die Populationen der seinerzeit fischwirtschaftlich in Mitteleuropa bedeutsamen Wanderfische Lachs, Aal, Meerforelle und Stör. Die Bestände erlitten drastische Einbrüche, der Niedergang der Flussfischerei war eingeläutet.

Die Zangenwirkung menschlicher Nutzungsinteressen auf die Fließgewässer verschärfte sich mit dem Beginn der modernen Energieerzeugung aus Wasserkraft noch weiter. Stauwehr- und Kraftwerksbau, Hochwasserschutz, Schiffbarmachung und Zugriff auf fruchtbare Schwemmlandböden gingen meist Hand in Hand. Die Zahl der Wehre, Dämme, Schwellen und Mauern vervielfachte sich, der Vernetzungsgrad des Lebensraumes Fluss nahm

Staustufen sind unüberwindbare Barrieren für Fische.

gleichzeitig stetig ab. Zwar blieb in all den Jahren dieser Entwicklung die Forderung nach dem Bau von Fischaufstiegshilfen in nahezu allen Fischereigesetzen bestehen. Die Realisierung solcher Anlagen erfolgte jedoch, wenn überhaupt, oft nur halbherzig oder als Alibimaßnahme, deren Funktionieren nicht kontrolliert wurde.

Tatsache ist beispielsweise, dass an über 15 Staustufen mit großen Wasserkraftwerken an der bayerischen Donau nicht ein einziger Fischaufstieg gebaut wurde – trotz entsprechender Forderung im Bayerischen Fischereigesetz. Ähnliches gilt für viele der großen mitteleuropäischen Fließgewässer. Tatsache ist auch, dass die Fischerei und ihre Sachwalter an dieser Entwicklung nicht ganz unschuldig sind, ließ man sich doch von den Kraftwerksbetreibern vielerorts allzuleicht gegen Bares oder Fischbesatzverpflichtungen zum Verzicht auf Aufstiegshilfen bewegen. Der Glaube, in einem unten und oben abgeschlossenen Stauraum die »eigenen« Fischbestände am besten hegen und nutzen zu können, gepaart mit der Angst, über einen Fischpass teuere Besatzfische an den Oberlieger zu verlieren, mag solches Handeln, obwohl ökologisch und fischereilich unsinnig, gestützt haben. Die Entwicklung der »anthropogenen Überformung« der Fließgewässer, wie Ausbau und ökologische Degradierung elegant verharmlosend heute bezeichnet werden, war mit dem Zugriff auf große Gewässersysteme jedoch keineswegs abgeschlossen. Unter dem Druck von Bebauungsansprüchen und vor allem landwirtschaftlichen Nutzungsinteressen, oft unter dem Deckmantel noch besseren Hoch-

Ölverschmutzung.

Gewässerausbau.

Ein naturnaher Umgehungsbach macht den Fluss wieder durch-gängig für Fische.

Bauphase.

Ein Jahr später.

85

wasserschutzes, wurden in den letzten Jahrzehnten auch nahezu alle mittleren und kleinen Fließgewässer wasserbaulich in die Pflicht genommen, begradigt, gestaut, ausgeleitet sowie durch Sohlschwellen und andere Querbauwerke zerstückelt.

Ab der Mitte des zwanzigsten Jahrhunderts wurde die Degradierung der Gewässer zusätzlich durch die rasant ansteigende Gewässerverschmutzung beschleunigt und verstärkt. Bevölkerungszuwachs und Industrialisierung und die daraus erwachsende Flut an kommunalen und industriellen Abwässern wurden zum zentralen Problem für die Gewässer. Die Abwasserproblematik wurde heute jedoch durch gewaltige technische und finanzielle Investitionen in moderne Klärtechnik entschärft. Viele Bäche, Flüsse und Seen sind wieder deutlich sauberer geworden. Von der Wasserqualität her bieten die meisten Gewässer den heimischen Fischarten heute wieder günstige Lebensbedingungen.

Strukturarmut, ausbaubedingte Monotonie und Zerstückelung ist unseren Gewässern jedoch bis heute geblieben. Erst in jüngerer Zeit hat hier ein Umdenken eingesetzt. Man beginnt, die Durchgängigkeit und die Vernetzung der Fließgewässer wiederherzustellen. Der Bau von Fischpässen und naturnahen Umgehungsbächen bzw. Ersatzfließgewässern, als Ausgleich für Aufstau und Kraftwerksbau, gewinnt zunehmend an Bedeutung. Auch gibt es immer mehr Projekte und Initiativen, die sich mit der Renaturierung begradigter Bach- und Flussläufe befassen.

Ob hier allerdings ähnliche Erfolge, wie auf dem Gebiet der abwassertechnischen Sanierung, erzielt werden können, ist zweifelhaft. In jedem Fall dürfte noch sehr viel Zeit vergehen, bis man in Mitteleuropa wieder von naturnahen Gewässerlandschaften sprechen kann.

Hochwasserkatastrophen werden durch menschliche Eingriffe in Fließgewässer noch verschärft.

Fischgerechtigkeit

Neben praktischem Umweltschutz kommt in der Fischerei dem Verhältnis von Mensch und Fisch große Bedeutung zu. »Richtige« Angler sind in ihrem Tun und Lassen den Fischen gegenüber von den Regeln der Fischgerechtigkeit geleitet. Dieser Begriff beinhaltet seiner Definition nach alle Richtlinien, unter denen der Fischfang stattfinden soll. Sei es nun, dass solche Verhaltensweisen in den jeweiligen Fischereigesetzen der Länder festgeschrieben sind oder dass sie sozusagen als die heimlichen, die ungeschriebenen Gesetze des Fischfanges gelten.

Wichtigstes Moment ist die Achtung gegenüber der Kreatur, ohne die von weidgerechtem Fischen niemals gesprochen werden kann. Dem Fisch die ihm gebührende Chance zu geben, ihn nicht leiden zu lassen oder gar mutwillig zu quälen, zählt zu den wesentlichen Inhalten der Fischgerechtigkeit. Weidgerechtes Fischen bedeutet, dass man sich seiner moralischen Verpflichtung gegenüber den Fischen bewusst ist. Die Regeln der Fischgerechtigkeit sollen die Fische vor menschlicher Grausamkeit, vor Fanggier und nicht zuletzt vor Maßlosigkeit schützen.

Von den vielen Verhaltensweisen, welche unter dem Begriff der Fischgerechtigkeit zusammengefasst sind, werden hier einige wenige einer näheren Betrachtung unterzogen, weil sie im Angleralltag bestimmenden Charakter haben. Bei der Wahl der Fanggerätschaften kann es keinesfalls als weidgerecht gelten, mit möglichst feinem Zeug besonders schwere Fische zu fangen. Meist reißen Großfische zu feines Zeug mühelos ab. Häufig gelingt es ihnen zwar, den Haken auszustoßen, gelegentlich verenden sie jedoch jämmerlich. In der Fischersprache spricht man in diesem Zusammenhang von Verangeln mit anschließendem Verludern. Um diesem Zustand vorzubeugen, muss die Devise lauten:

Die Angelschnur nie dünner als nötig!

Die Hakenwahl hat stets unter dem Motto zu erfolgen:

Die Haken nie kleiner als nötig, aber auch nicht zu groß!

Die Erfahrung lehrt, dass große Haken nach dem Biss meist im Ober- oder Unterkiefer sitzen. Bei ihrer Entfernung werden den Fischen keine größeren Qualen zugefügt. Allerdings können allzu große Haken, wenn sie von kleinen Fischen genommen werden, auch dazu führen, dass die Hakenspitze in das Auge eindringt.

Zu kleine Haken werden dagegen allzu oft mitsamt dem Köder abgeschluckt. Solches passiert meistens, wenn beim Fischen auf Forellen Würmer als Köder verwendet oder beim Spinnfischen zu kleine Dril-

Der schonende Umgang mit den Fischen – eine Verpflichtung für jeden Angler.

linge eingesetzt werden. Müssen solchermaßen verletzte Tiere, da untermaßig, ins Gewässer zurückgesetzt werden, so geht dies oft nicht gut. Mit oder ohne Hakenlöser wird an den Tieren erfahrungsgemäß so lange herumgedoktert, bis die Fische kaum noch Aussicht haben, lebend davon zu kommen. Es erfordert lange Erfahrung und hohes Geschick den abgeschluckten Haken erfolgreich zu entfernen ohne den Fisch massiv zu verletzten.

Ist der Haken einmal tief geschluckt und muß der Fisch zurückgesetzt werden, dann schneide man das Vorfach samt Haken auf Höhe des Maules ab und vertraue mehr den Fähigkeiten des Fisches den Haken wieder loszuwerden als der eigenen Operierkunst. In vielen Fällen wandern die Haken durch den Fischkörper und werden nach einiger Zeit abgestoßen, oder sie werden durch die Magensäure des Fisches aufgelöst.

Eine weit verbreitete Unsitte ist es, dem Fisch, sozusagen als Ausdruck der Großzügigkeit, mit einem weiten und hohen Wurf ins Gewässer die Freiheit wiederzugeben. Nicht selten kommt es hierbei zu ernsten Verletzungen der Innereien, an denen der Fisch in der Folge eingeht. Man erinnere sich in diesem Zusammenhang nur daran, wie ungern man selbst vom 10-Meter-Turm ins Wasser springt und wie ängstlich man darauf bedacht ist, sich nicht durch ungeschicktes Eintauchen weh zu tun.

Unter den Punkt Fischgerechtigkeit fällt auch die Verwendung des lebenden Köderfisches bzw. die Verpflichtung, davon Abstand zu nehmen. Das Angeln mit dem lebenden Köderfisch gilt heute als nicht weidgerecht und ist auch rechtlich nicht mehr zulässig. Wirbeltieren ohne vernünftigen Grund Leid zuzufügen, verstößt gegen das Tierschutzgesetz. Da Raubfische auch mit toten Köderfischen oder mit Kunstködern gefangen werden können, fehlt der vernünftige Grund für die Verwendung eines lebenden Köderfisches. Befinden sich kapitale Räuber im Gewässer, welche aus hegerischen Gründen dem Gewässer entnommen werden sollten, aber nicht mit herkömmlichen Methoden zu fangen sind, können auf Antrag bei der zuständigen Genehmigungsbehörde die Elektrofischerei oder andere berufsfischereiliche Fangmethoden eingesetzt werden. In Fischereikreisen heiß diskutierte Themen sind das Wett- oder Preisfischen, die Verwendung von Setzkeschern und das Zurücksetzen von gefangenen Fischen, die nicht einem Schonmaß oder einer Schonzeit unterliegen. Die Verwendung von Setzkeschern bei Preisfischen zur Hälterung von großen Mengen von Fischen und deren anschließendes Zurücksetzen hat Diskussionen zu Ungunsten der Fischer in Gang gesetzt. Aus diesem Grunde ist auf Empfehlung des VDSF (Verband Deutscher Sportfischer) grundsätzlich von Preis- bzw. Wettfischen abzusehen. Eine Ausnahme sind so genannte Königsfischen der Vereine, die der traditionellen Pflege des Vereinslebens dienen. Es muss allerdings immer gewährleistet sein, dass der Fang einer vernünftigen Verwertung zugeführt wird.

Auch wenn diese Entwicklung vielen Fischern nicht gefällt und als übertrieben angesehen wird, darf nicht vergessen werden, dass es die Angler selbst waren, die durch die Auswüchse ihres Verhaltens solche Regelungen herbeigeführt haben.

Bachforelle im Kescher.

Gewässerbewirtschaftung

Ertragsfähigkeit der Fischwasser

Früher war die Zielsetzung jeder fischereilichen Bewirtschaftung, den Zustand höchster Ertragsfähigkeit zu erhalten. Heute müssen ökologische Aspekte gleichgewichtig mitberücksichtigt werden.

Das Ziel jeder fischereilichen Bewirtschaftung sollte sein, einen angemessenen fischereilichen Ertrag

Altarme von großen Flüssen sind meist besonders ertragreich.

vom Gewässer abschöpfen zu können und dabei langfristig einen möglichst natürlichen Fischbestand zu erhalten. Wird ein Gewässer über seinen natürlichen Fischertrag hinaus genutzt, so spricht man von Überfischung.

Schon im frühen Mittelalter kam man zu der Einsicht, dass die Wildfischbestände auf Dauer nur gute Fangerträge abwerfen, wenn bei der Befischung bestimmte Regeln

beachtet werden und somit eine Überfischung verhindert wird. Hegemaßnahmen wie z. B. Schonzeiten, Schonmaße, sogenannte Brittelmaße und Verbote bestimmter Fanggeräte wurden eingeführt. Ungefähr zur gleichen Zeit setzte sich auch die Erkenntnis durch, dass bei entsprechender Nutzung der Produktionskraft des Wassers in Teichen der Natur ganz gezielt höhere Erträge zu entlocken waren. Die Teichwirtschaft, deren Ursprünge in China zu suchen sind, kam bei uns vor allem in den landwirtschaftlichen Betrieben der Klöster zu erster Blüte. Die Errichtung staatlicher und privater Fischzuchtanstalten in der zweiten Hälfte des 19. Jahrhunderts verhalf der Idee der Gewässerbewirtschaftung endgültig zum Durchbruch. Es wurde begonnen, Fischbrut und Jungfische mit dem Ziel auszusetzen, Fangerträge zu verbessern. Auf wissenschaftlicher Ebene beschäftigte man sich immer intensiver mit dem Lebewesen Fisch und dessen wirtschaftlicher Bedeutung. Heute bildet fischereiliche Gewässerbewirtschaftung ein Betätigungsfeld nicht nur für staatliche Institutionen, sondern auch für private Beratungsunternehmen.

Noch vor nicht allzu langer Zeit waren Maßnahmen der Gewässerbewirtschaftung allein der gewerbsmäßigen Fischerei vorbehalten. Die derzeitige Situation an den Fisch-

Berufsfischer bei der Arbeit. ▶

Eine Äsche wird abgestreift.

nen Möglichkeiten fischereilich optimal und gleichzeitig naturverträglich zu nutzen. Positive Entwicklung der Angelfischerei kann nur über Fortschritte auf dem Gebiet der Gewässerbewirtschaftung erfolgen. Deren wichtigsten Elemente im Hinblick auf angelfischereiliche Nutzung sind in der Abbildung auf Seite 93 wiedergegeben. Nicht ohne Grund wurde für die Graphik das Abbild einer Waage gewählt, um deutlich zu machen, dass bei ordnungsgemäßer fischereilicher Bewirtschaftung Hegemaßnahmen und Fischentnahme in ausgeglichenem Verhältnis zueinander stehen. Im Idealfall werden die verschiedenen Elemente so miteinander verknüpft, dass eine nachhaltige Bewirtschaftung gewährleistet ist. Dies bedeutet: Der Bewirtschafter kann dem Gewässer über lange Zeit hinweg jährlich eine gewisse Menge Fische (den fischereilichen Ertrag), entnehmen, ohne dem Gewässer und dem Fischbestand zu schaden.

In der fischereilichen Praxis ist man, und dies kann keinesfalls übersehen werden, vom Idealzustand vielfach weit entfernt. Häufig besteht z. B. zwischen Besatz und den sich hierauf gründenden Fängen ein deutliches Missverhältnis. Hohen Besatzaufwendungen stehen meist recht bescheidene Fänge gegenüber. Die Fischereizeitungen beklagen diesen Zustand immer wieder und versuchen sich im Anschluss gleich in allen möglichen Erklärungen und Schuldzuweisungen, wobei vom Kormoran bis zur Abwassereinleitung alles herhalten muss. Zugege-

wassern zwingt jedoch jetzt auch die Freizeitfischer, ihre Gewässer planvoller Nutzung zu unterziehen. Ein geeignetes und modernes Instrumentarium hierbei sind sogenannte fischereiliche Hegepläne, wie sie heute in den Fischereigesetzen einiger Bundesländer verankert sind.

Die Zahl der aktiven Angler vergrößert sich unaufhaltsam. Der fischereiliche Druck auf die verbleibenden Gewässer nimmt zu, da jedermann Anspruch auf Angelplatz und gute Fänge erhebt. Hinzu kommt, dass gleichzeitig der Anspruch auf möglichst naturverträgliche Nutzung ständig steigt. Unter den geschilderten Voraussetzungen ist es sehr schwierig die vorhande-

benermaßen sind die genannten Gründe oft zutreffend, aber keinesfalls immer ursächlich. Dass man als Bewirtschafter jedoch etwas falsch gemacht haben könnte, wird allgemein viel zu wenig ins Kalkül gezogen. Dabei sind Fehler von vornherein kaum zu vermeiden. Die größte Schwierigkeit besteht darin, dass man ins Gewässer nicht hineinsehen und sich deshalb auch nicht genügend Klarheit darüber verschaffen kann, was in ihm vorgeht. Selbst Fachleuten stellt sich das Problem des weitgehend unerforschten und daher immer noch geheimnisvollen Lebensraums der Fische.

Über viele der für den Erfolg von Bewirtschaftungsmaßnahmen entscheidenden Wechselbeziehungen zwischen Fischen und ihrer Umwelt weiß die Wissenschaft heute noch sehr wenig. So ist es z. B. bisher nicht gelungen, eine wissenschaftlich exakte Methodik zu entwickeln, welche eine gesicherte Abschätzung der Höhe des Fischertrages zulässt. Alles in allem hat man über das, was unter Wasser abläuft, nur sehr modellhafte Vorstellungen. Vorhandene Erkenntnisse gründen weitgehend auf Untersuchungen, die in Fischteichen und somit unter kontrollierbaren Bedingungen durchgeführt wurden.

Am meisten gelernt hat die Fischereibiologie jedoch aus Fehlern der Vergangenheit. Hier wuchs ihr ein erhebliches Maß an Erfahrung zu, welches zumindest Fachleute heute

Die wichtigsten Elemente fischereilicher Gewässerbewirtschaftung.

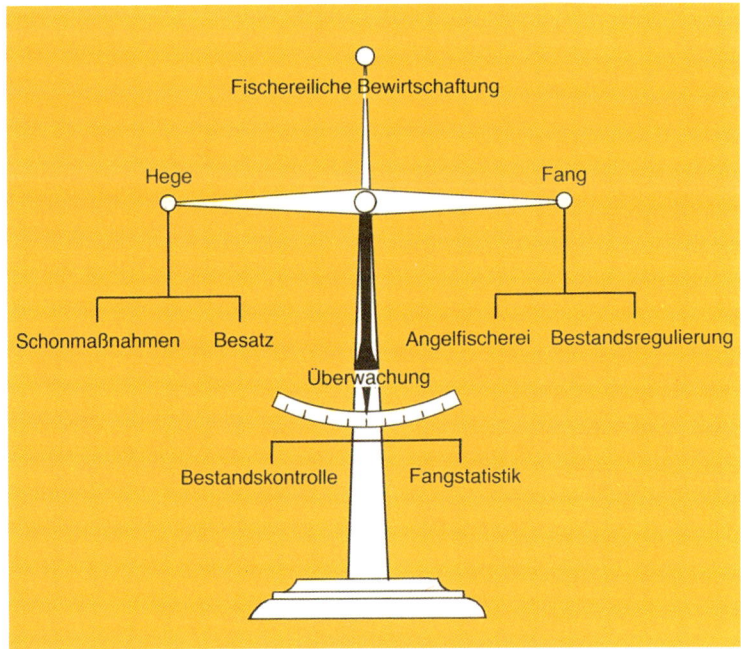

93

in den Stand versetzt, sinnvolle Bewirtschaftungsprogramme zu entwerfen und diese auch mit verhältnismäßig gutem Erfolg durchzuführen.

In den Einleitungskapiteln wurde verschiedentlich betont, dass sich »richtiges« Angeln nur aus dem Zusammenwirken mehrerer Faktoren ergibt. Ganz im Vordergrund steht dabei die innere Bereitschaft, sich intensiv mit Bewirtschaftungsfragen zu beschäftigen und hieraus praktische Konsequenzen zu entwickeln. Die zentralen Probleme, wie sie sich in der fischereilichen Praxis täglich ergeben, werden im folgenden ausführlich behandelt. Die Auseinandersetzung mit den geschilderten Verhältnissen soll die Einsicht fördern, wie fischereiliche Gewässerbewirtschaftung Erfolg versprechender anzupacken ist.

Besatz

Im Mittelpunkt aller Aktivitäten auf diesem Felde steht der Besatz. Man versteht darunter das Einsetzen von Fischbrut, Jungfischen oder fangfähigen Fischen. Mit ihm glaubt man, ein Allheilmittel gegenüber allen wie auch immer gearteten fischereilichen Problemen in der Hand zu haben. Allein mit dem Einbringen möglichst vieler Besatzfische meint so mancher Angler, seinen Beitrag zur Gewässerbewirtschaftung in erschöpfendem Maße geleistet zu haben. Um es nur ja jedem Mitglied recht zu machen, ist es vielfach so, dass Fischereivereine eine bunte Palette verschiedenster Fischarten ins gleiche Gewässer einbringen. Ob sich die Fische untereinander auch vertragen und inwieweit die Umwelt in der Lage ist, deren oftmals ganz unterschiedliche Lebensansprüche zu erfüllen, ist dabei von untergeordnetem Interesse.

Es ist unbestritten, dass Besatzmaßnahmen, wenn sie auf der Basis fischereibiologischer Analysen erfolgen, positive Auswirkung auf Bestandsdichten und Fangerfolge haben können. Unbestritten bleibt jedoch auch, dass in den meisten Fällen derartige Untersuchungen nicht vorgenommen werden. Es darf daher nicht verwundern, dass so manches ehedem ergiebige Fischwasser durch falschen Besatz fischereilich uninteressant geworden ist. Hier einige Beispiele:

Aalbesatz

In Bayern beispielsweise wurden als staatliche Fördermaßnahme jahrelang Glasaale zu Besatzzwecken kostenlos zur Verfügung gestellt, obwohl der Aal im Donaueinzugsgebiet nicht heimisch ist. Folge: Die Tiere wurden ohne Bedarfsüberprüfung in viel zu großer Zahl in alle möglichen Gewässer eingesetzt. Häufig auch in solche, für die Aale völlig ungeeignet sind, wie Salmonidengewässer, Krebsbäche oder Gebirgsseen. Das Ziel, die Aalerträge zu steigern, wurde nur in ganz wenigen Gewässern erreicht. Heute muss man sich eingestehen, keine Fanggerätschaften zu besitzen, mit denen Aale wirklich Erfolg versprechend zu befischen sind. Einzig tauglich sind das Elek-

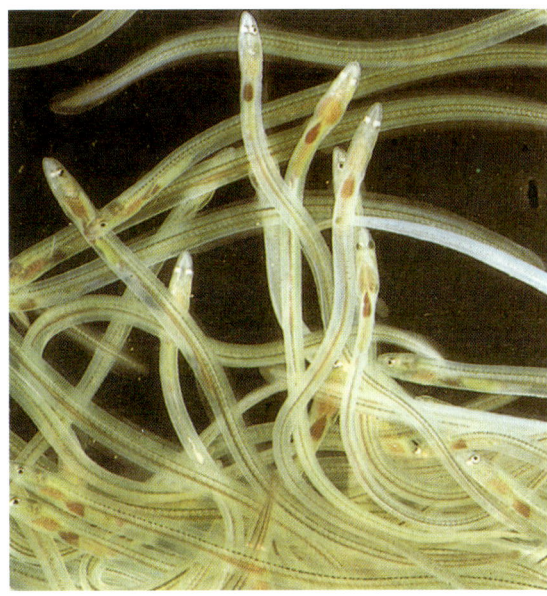

*Besatz mit Glas-
aalen, meist über-
flüssig, manchmal
schädlich.*

trofischfanggerät und kommerzielle Fangmethoden (Aalhamen, Aalschokker) die auf den Fang der abwandernden Aale abzielen.

In rein angelfischereilich genutzten Gewässern hat man es vielerorts mit viel zu dichten Aalbeständen zu tun. Durch die damit einhergehende Verknappung von Nahrung und Lebensraum bleiben die Tiere in ihrem Wachstum zurück – der Bestand verbuttet, wie man in der Fachsprache sagt. Unter anderen Fischarten und hier besonders bei Brut und Jungfischen richten die Aale ihrer Gefräßigkeit wegen schwerste Schäden an. So wurde von einem Zanderzüchter, der in einem See durch Tauchgänge das Laichverhalten von Zandern studierte, beobachtet, wie Aale innerhalb ganz kurzer Zeit aus Zandernestern den Laich vollständig herausfraßen. In manchen Gewässern wurden auf diese Weise Zanderbestände bis zur Bedeutungslosigkeit zurückgedrängt. Weiterhin ist bekannt, dass auch Krebsbestände dem Aal, der sich gerne an die frischgehäuteten »Butterkrebse« hält, zur Gänze zum Opfer gefallen sind.

Ein weiterer Aspekt ist beim Stichwort Aalbesatz heutzutage zu berücksichtigen:

Der europäische Aal gehört mittlerweile zu den gefährdeten Fischarten. Hierfür gibt es eine Reihe von Gründen: Ein großer Teil der auf ihren Laichwanderungen vom Süßwasser ins Meer – in Richtung Sargassosee (Golf v. Mexiko) – abwan-

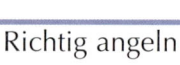

Aale sind gefräßige Räuber.

dernden Blankaale wird bei der Passage von Kraftwerken in den Turbinen massiv verletzt oder sogar getötet. Ein weiterer Grund ist mit Sicherheit der übermäßige Fang von Glasaalen (Aallarven), welche

Mit Hilfe von Licht-Scheuchanlagen versucht man die Aale von den Kraftwerken wegzuleiten.

von der Sargassosee zurück an die europäische Küste wandern. Die Glasaale werden zum Teil direkt dem Verzehr zugeführt, zum Teil als Aufzuchtmaterial in Aalfarmen genutzt. Ein nicht unerheblicher Teil aber wird für den Besatz natürlicher Gewässer verwendet. Viele Aale werden dabei in Gewässer eingesetzt, z. B. in jene des Donaueinzugsgebietes, aus welchen sie keinerlei Chance haben, nach dem Heranwachsen wieder in ihre Laichgebiete zurückzukehren. Insofern entzieht »falscher« Besatz alljährlich den ohnehin geschwächten Aalbeständen eine große Zahl von Tieren, welche dringend für den Erhalt der Art benötigt würden. Das Zusammenwirken der genannten und anderer noch nicht geklärter Ursachen führte zu einem star-

Turbinen von Wasserkraftwerken sind oft Endstation für die abwandernden Aale.

ken Rückgang der Glasaale an den europäischen Küsten.

Der Preis für ein Kilo Glasaale ist daher extrem gestiegen. Die meisten Gewässerbewirtschafter können sich gar keinen Aalbesatz mehr leisten. Wenn nicht rasch etwas ge-

gen das Schwinden der Aalbestände getan wird, könnte es für diese Fischart bald zu spät sein.

Hechtbesatz

Kaum ein Thema wird in Anglerkreisen mehr diskutiert als Hecht-

Missverhältnis zwischen Hechtbesatz und Fang, aufgezeigt an einem Beispiel eines bayerischen Sees.

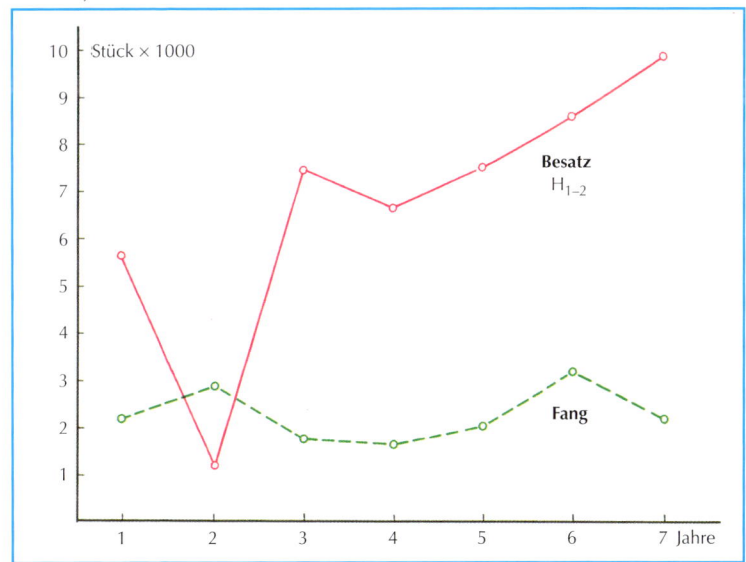

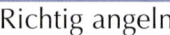

besatz. In der Hoffnung, mehr Hechte an die Angel zu bekommen, werden gerade bei dieser Fischart Besatzanstrengungen unternommen, welche weit über das Normalmaß hinausgehen. Spürbare Erfolge stellen sich in der Regel nicht ein, die Enttäuschungen sind weithin groß. Dass die Hechtfänge nicht in einem direkten Verhältnis zum Besatz stehen, zeigt die Grafik, welche die Situation an einem etwa 1500 ha großen See widerspiegelt. Die Erklärung für diese Erscheinung hängt mit einer ganz speziellen Eigenschaft von Hechten zusammen. Sie sind sogenannte Revierfische, d. h. jeder Fisch beansprucht einen bestimmten Raum im Gewässer für sich allein, ein Revier, das er ständig kontrolliert und gegenüber Eindringlingen, insbesondere eigenen Artgenossen, entschieden verteidigt. Ein Gewässer bietet in diesem Sinne nur einer ganz bestimmten Zahl von Hechten Lebensraum.

Die Größenordnung wird von daher in erster Linie durch die vorhandenen Reviere festgelegt. Versucht man, die solchermaßen natürlich begrenzte Hechtdichte durch Besatz zu erhöhen, werden die Satzfische erfahrungsgemäß sehr schnell Beute des etablierten Hechtbestandes. In einem See in Irland mit dichtem Hechtbestand fand sich in den Mägen von Hechten folgende Fischartenzusammensetzung:

– Hechte 64 Prozent
– Forellen 26 Prozent
– Saiblinge 6 Prozent
– übrige 4 Prozent.

Von diesem Untersuchungsergebnis her wird zudem klar, dass man mit intensivem Hechtbesatz auch nicht die Weißfischbestände, wie vielfach angenommen, in gewünschter Weise reduzieren kann. Fazit: Oftmals wird gerade beim Hechtbesatz das Geld buchstäblich ins Wasser geworfen.

Zanderbesatz

Was sind die Gründe, dass Zander trotz großer Besatzanstrengungen in fast keinem Gewässer die Erwartungen erfüllen? Meist werden Zander dort eingesetzt, wo auch Hechte sind. In vielen Gewässern jedoch vertragen sich Hecht und Zander nicht. Nur in großräumigen Gewässern können beide Arten nebeneinander existieren. Sie haben hier, jede Art für sich, eigene Lebensbereiche und kommen sich sozusagen nicht in die Quere. In kleineren Gewässern unterliegen die Zander jedoch erfahrungsgemäß den Hechten. Sie können sich gegenüber deren Angriffen auf Dauer nicht halten. Darüber hinaus steht ein weiteres Hindernis erfolgreichem Zanderbesatz entgegen: Vielfach sind Satzzander, drastisch ausgedrückt, schon tot, ehe sie überhaupt ins Gewässer gelangen. Zander sind extrem empfindlich gegen jede Art von unsachgemäßer Behandlung bei Abfischung, Hälterung oder Transport. Werden hier Fehler gemacht, kommt das Aussetzen der Fische einer Verab-

◀ *Stolzer Fischer mit einem prächtigen Hecht.*

schiedung auf Nimmerwiedersehen gleich. Die Tiere schwimmen zwar noch ab, verenden dann jedoch sehr bald. Ungünstig ist erwiesenermaßen auch Besatz im Herbst. Die ohnehin empfindlichen Fische werden im neuen, ungewohnten Lebensraum nicht immer mit den Strapazen des Winters fertig.

Ein weiterer Aspekt, der den Zanderbesatz heute zu einem schwer kalkulierbaren Risiko macht, ist der Umstand, dass diese Art und insbesondere die normalen Satzfischgrößen des Zanders (15 bis 25 cm) eine bevorzugte Beute des Kormorans darstellen. Der Besatz mit Zandern sollte von daher mit möglichst großen oder sehr kleinen Satzfischen und ausschließlich zu Zeiten mit eher geringer Kormoranhäufigkeit am Fischwasser erfolgen. Der Qualität von Satzfischen wird, vom Zander einmal abgesehen, generell viel zu wenig Bedeutung beigemessen. Man ist sich vielleicht nicht ausreichend bewusst, welchem Stress die Tiere auf dem langen Weg vom Zuchtbetrieb bis hin zum neuen Gewässer ausgesetzt sind. Verglichen mit uns Menschen kommt dies dem abrupten Übergang aus einem vollklimatisierten Wohnhaus, sagen wir, in die Naturbedingungen eines arktischen Winters gleich. Die Verlustraten werden noch erhöht, wenn Satzfische, wie es häufig der Fall ist, von vornherein mit Infektionskrankheiten oder Parasiten belastet sind. Aus dieser Sicht ist es oft nicht zufällig, wenn die Fischtransporte bei einbrechender Dunkelheit oder gar nachts am Fischwasser ankom-

men und dann dafür gesorgt wird, dass die Fische schnellstmöglich im Wasser verschwinden. In solchen Fällen schlägt nicht nur der Verlust der teuren Satzfische zu Buche. Auch der Einschleppung von Krankheiten in die Wildfischbestände ist Tür und Tor geöffnet.

Zu diesem Komplex gehört im übrigen die Sorglosigkeit, mit der man versuchte, in Europa bisher nicht heimische Fischarten in unsere Gewässer einzubringen. Man denke an die aus China stammenden Grasfische. Durch sie wurden viele früher bei uns unbekannte Parasiten eingeschleppt, darunter eine Bandwurmart, die zwischenzeitlich in unseren Karpfenbeständen großen Schaden angerichtet hat.

Faunenverfälschung durch Fischbesatz:

Seit gut hundert Jahren wurde von Seiten der Fischerei versucht, zwecks Ertragserhöhung oder zur Steigerung der Attraktivität für den Angler nicht heimische Fisch- und Krebsarten in unsere Gewässer einzubürgern.

Dies betraf eine Reihe von Fisch- und Krebsarten wie z. B. den Bachsaibling, den Graskarpfen, die Regenbogenforelle, den Schwarzbarsch, den Zwergwels, den Signalkrebs und auch den Aal, soweit er in Gewässer eingesetzt wurde, in denen er von Natur aus nicht vorgekommen ist.

In den wenigsten Fällen hatte der eingebrachte Besatz den gewünschten Erfolg (z. B. im Sinne von Beständen, die sich selbst erhalten). Die vom Menschen durchgeführte Faunenverfälschung hatte aber in vielen Fällen negative Auswirkungen. In strukturarmen ausgebauten Gewässern tritt z. B. **Konkurrenz** zwischen der anspruchsvolleren heimischen Bachforelle und der aus Amerika stammenden Regenbogenforelle auf. Die Bachforelle erweist sich unter solchen Bedingungen der amerikanischen Konkurrentin als unterlegen.

Wenn Aale in großen Dichten vorkommen, können sie starken **Raubdruck** auf den Nachwuchs anderer Fischarten ausüben und zudem als **Nahrungskonkurrenten** auftreten. Intensiver Aalbesatz in Gewässern, in denen der Aal nicht heimisch ist führt daher meist zu Schäden beim übrigen Fischbestand.

Die **Einschleppung von Krankheiten** durch gebietsfremde Tiere, denen gegenüber die heimischen Arten keine Abwehrmechanismen besitzen, können ganze Populationen vernichten. Die u. a. auch über amerikanische Krebsarten (z. B. Signalkrebs, Kamberkrebs) verbreitete Krebspest löschte in Deutschland in den zurückliegenden 30 Jahren die heimischen Edelkrebsbestände vielerorts weitgehend aus.

Auch das Einbringen gebietsfremder Rassen, z. B. englische Bachforellen, schwedische Seesaiblinge usw., führten zum **Verlust gebietstypischer Stämme** bzw. deren besonderer Eigenschaften, die eine gute Anpassung bedeutet haben.

Auch der Besatz mit heimischen Arten im Übermaß hat negative Auswirkungen. Zu intensiver Karpfenbesatz kann zu einer Verdrängung anderer Weißfischarten aufgrund von Nahrungskonkurrenz führen.

Massiver Forellenbesatz insbesondere mit größeren Exemplaren kann dagegen durch den erhöhten Raubdruck einen Rückgang von Kleinfischarten (Elritzen, Gründlinge, Koppen etc.) nach sich ziehen. Der Angelfischerei kommt hier in der Zukunft besondere Verantwortung im Umgang mit natürlichen Ressourcen bzw. im Hinblick auf den Erhalt der heimischen Fischfauna zu.

Wie die Beispiele zeigen, liegt auf dem Gebiet des Besatzes manches im Argen. Angemessene ökologisch verträgliche Gewässernutzung setzt voraus, dass gerade auf diesem Felde zukünftig fachgerechter vorgegangen wird.

Wozu aber überhaupt Besatz und was sind die Grundregeln, nach denen man sich bei der Planung von Besatzmaßnahmen zu richten hat?

Besatz ist sicherlich angebracht, wenn ein Gewässer noch keine Fische enthält. Durch **Erst- oder Neubesatz** können z. B. neu entstandene Bagger- oder Stauseen, geeignete Wasserqualität vorausgesetzt, in kontrollierter Weise fischereilich erschlossen werden. Auch nach Fischsterben ist oftmals Neubesatz zum Wiederaufbau der ehemaligen Bestände erforderlich. In vielen Fischwassern ist die natürliche Fortpflanzung der Fische durch Abwassereinleitung oder durch gewässerbauliche Eingriffe eingeschränkt oder völlig zum Erliegen gekommen. Hier müssen die entstandenen Lücken im Fisch-

Die Regenbogenforelle ist als Besatzfisch umstritten.

bestand durch **Erhaltungsbesatz** ständig geschlossen werden. Im Einzelfall ist vorher jedoch tunlichst zu überprüfen, ob man durch geeignete Maßnahmen wie Neuanlage oder Wiederherstellung von Laichplätzen der Natur nicht unter die Arme greifen kann (s. Seite 106).

Umstellungsbesatz wird erforderlich, wenn Gewässer ihr »Gesicht« verändern und sich damit für den etablierten Fischbestand die Lebensbedingungen verschlechtern. Baggerseen sind z. B. in den ersten Jahren nach ihrem Entstehen oft für Salmonidenbewirtschaftung gut geeignet. Durch die ständige Zufuhr von Nährstoffen »altern« solche Gewässer jedoch schnell, be-

ginnen zu verschlammen und zu verkrauten. Besatz mit Fischarten wie Karpfen, Schleien und anderen Weißfischarten, die an diese Bedingungen besser angepasst sind, ist dann geboten. Gleichzeitig kann auch Besatz mit Raubfischen sinnvoll sein.

Wenn Flüsse aufgestaut werden, verschwinden die strömungsliebenden Fischarten oder ihre Bestände gehen zurück. Auch hier bietet sich dann in vielen Fällen ein Umstellungsbesatz an.

Besonders lohnend ist Besatz, wenn durch neu eingebrachte Fischarten bisher ungenutzte Lebensräume oder Nahrungsressourcen erschlossen werden. Beispiele sind die erfolgreiche Besiedlung der Freiwasserzonen einiger Talsperren und Seen mit Planktonfressern wie etwa Felchen (Renken, Maränen).

Welche Fischarten kommen für den Besatz in Frage?

Grundsätzlich lassen sich nur solche Arten erfolgreich besetzen, deren natürliche Ansprüche an Umwelt und Lebensraum im betreffenden Gewässer erfüllt werden. Gesichtspunkte wie Wassertemperatur, Sauerstoffgehalt. Nahrungsangebot, Fließgeschwindigkeit, Bodenbeschaffenheit, Ausdehnung und Tiefe sind hierbei zu berücksichtigen. Von größter Wichtigkeit ist auch der Umstand, dass sich gegebenenfalls neue Arten mit den bereits vorhandenen Fischen vertragen. Auf die Problematik Hecht – Zander wurde bereits hingewiesen. Konkurrenz um Nahrung und Raum bzw. gegenseitige Unverträglichkeit gibt es auch zwischen einigen anderen Fischarten. Hierzu zählen:

Bach- und Regenbogenforellen,
Bachforellen – Bachsaiblinge,
Brachsen – Karpfen;
Barsche – Zander,
Barsche – Forellen – Seesaiblinge.

Die Zahl einzusetzender Fische bestimmen drei Faktoren:

- Nahrungsangebot.
- Größe und Beschaffenheit des Lebensraumes.
- Bereits vorhandene Bestandsdichte.

Die sich allgemein im Umlauf befindlichen Angaben zur Menge ein-

Von Egeln befallene Bachforelle – schlecht angepasste Besatzfische haben keine Chance.

zubringender Satzfische verstehen sich bestenfalls als Faustzahlen. Um mit genau zugeschnittenen Zahlen den Besonderheiten eines jeden Gewässers gerecht werden zu können, so dass Besatzmaßnahmen optimalen Nutzen zeitigen, sind spezielle Untersuchungen erforderlich. Man sollte sie Fachleuten überlassen.

Welche Fischgrößen eignen sich am besten?

Erfolg und Misserfolg hängen entscheidend von der Wahl der richtigen Satzfischgröße ab.

Eine Regel lautet:

Je kleiner und jünger der Fisch, desto besser gewöhnt er sich an die neue Umgebung. Dies gilt jedoch nur, solange im Gewässer überhaupt geeignete Umweltbedingungen für die Fischchen vorliegen, d. h. wenn sogenannte Brut- und Jungfischhabitate zur Verfügung stehen. Damit sind Teillebensräume gemeint, die den Brütlingen sowohl Schutz vor starker Strömung und Wellenschlag, als auch Sicherheit vor den Nachstellungen größerer Artgenossen oder anderer Räuber bieten. Darüber hinaus sollte dort auch noch die für Fischbrut geeignete »Mikronahrung« (Planktontierchen und Aufwuchsnahrung) zur Verfügung stehen. Forellenbrut in Flüssen und Bächen benötigt beispielsweise schwach durchströmte Flachwasserbereiche, die im günstigsten Fall noch reichhaltige Kleinverstecke (z. B. Totholzstrukturen) aufweisen und die mit nahe liegenden Fluchtorten vernetzt sind, in denen die Fischchen bei Hochwasser vor dem Abtreiben geschützt sind. Besatz mit Hechtbrut ist nur dann lohnend, wenn geeignete Verstecke, etwa in Form von dichten Wasserpflanzenbeständen, vorhanden sind. Ist starker Zugriff von Raubfischen – Artgenossen eingeschlossen – zu befürchten, haben größere Satzfische bessere Überlebenschancen. Diese vertragen auch Abwasserbelastungen erheblich besser, da in der Regel die Empfindlichkeit gegenüber Schadstoffen mit zunehmender Körpergröße abnimmt. In solchen Fällen sind ein- oder zweijährige Satzfische Brut oder Sömmerlingen vorzuziehen. Zander etwa können beim Besatz gar nicht groß genug sein, um sich in Wildgewässern auch wirklich durchzusetzen. Ein Problem und daher ständig in der Diskussion ist das Einbringen fangfähiger Fische, von Exemplaren also, die das vorgeschriebene Schonmaß bereits überschritten haben.

Vom Grundsatz her ist der Besatz mit fangfähigen Fischen sowohl aus fischereilichen wie auch aus ökologischen Gründen abzulehnen. In vielen Gewässern hat der Besatz mit Jungfischen heute allerdings kaum Chancen zu überleben. Ursache sind die überhöhten Bestände an Kormoranen und anderen fischfressenden Vögeln, z. B. Gänsesägern. Hier bleibt den Fischereiberechtigten oft nur noch der Besatz mit größeren Fischen, die für die Vögel als Beute zu groß sind.

Vor dem Aussetzen. ▶

Wann soll besetzt werden?

In der Praxis wird Besatz meist dann geleistet, wenn Satzfische am Markt preiswert angeboten werden. Dies ist jedoch nicht immer der richtige Zeitpunkt. Aus biologischer Sicht sollte dann besetzt werden, wenn das Nahrungsangebot für die Satzfische besonders günstig ist und wenn sich wenig Fressfeinde am Gewässer aufhalten. Vorteilhaft wirkt sich zudem aus, wenn Wassertemperaturen vorliegen, die für die Besatzfischart geeignet sind. Für die meisten Friedfischarten erfüllen sich solche Voraussetzungen im späten Frühjahr bzw. im Frühsommer, für Satzhechte (ca. 20 cm Länge) erfahrungsgemäß im Herbst, da zu diesem Zeitpunkt die Nachkommenschaft der Weißfische mundgerechte Größe aufweist. Der richtige Termin ist besonders wichtig für die gegen Nahrungsmangel empfindliche Fischbrut. Es empfiehlt sich, vorher Untersuchungen durchzuführen, ob beim Einsatz die nötigen Kleinstlebewesen (Plankton, Aufwuchs) in ausreichender Menge vorhanden sind. Besonders gut geeignet sind auch Zeiten, in denen Feinde oder Revierkonkurrenten gerade andernorts »beschäftigt« sind. Setzt man Bachforellen im Herbst oder Winter ein, wenn ihre großen Artgenossen die angestammten Reviere verlassen, um an anderen Plätzen abzulaichen, finden die Setzlinge umso leichter Gelegenheit, sich weitgehend ungestört in der neuen Umgebung einzuleben.

Wie wird besetzt?

Oberstes Gebot ist schonende Behandlung. In diesem Zusammenhang muss nachdrücklich auf den behutsam durchzuführenden Temperaturausgleich zwischen Transportwasser und Gewässer hingewiesen werden. Um die Risiken möglichst gering zu halten, empfiehlt es sich, die Satzfische in Einhängenetzen zwei bis drei Tage im Gewässer vorzuhältern und erst dann in die Freiheit zu entlassen. Daraus erwächst der Vorteil, die Fische beobachten und nachhaltig geschädigte sowie krankheitsverdächtige aussondern zu können. Wurden tatsächlich kranke Fische angeliefert, kann somit der Nachweis geführt und der Verkäufer regresspflichtig gemacht werden.

Biotopverbesserung statt Besatz

Man darf nicht vergessen, dass es neben dem Besatz, der eine künstliche Maßnahme der Bestandserhaltung darstellt, auch Möglichkeiten gibt, die Voraussetzungen für natürliche Vermehrung zu verbessern. Hierunter fallen:

- Schutz von Laichplätzen durch zeitweises Befahrungs- und Betretungsverbot (Ausweisung sog. Laichschonstätten).

- Schaffung und Reaktivierung von Laichplätzen.

In neu entstandenen Gewässern z. B. Baggerseen, fehlen oftmals Wasserpflanzen und Unterwasser-

Naturnah gestaltete »Fischtreppe«.

strukturen, die ein erfolgreiches Laichgeschäft für Fische erst ermöglichen. In derartigen Fällen kann durch Bepflanzung von Uferzonen und Flachwassergebieten mit Schilf, Binsen und Riedgräsern oder durch die Ansiedlung von Unterwasserpflanzen geeignetes Laichsubstrat bereitgestellt werden. Auch das Einbringen sogenannter »Laichnester«, Büscheln aus Reisig oder Nadelholzzweigen, gestaltet das Laichgeschäft einiger Fischarten (Zander, Barsch, Wels, Weißfische) erfolgreicher.

In Fließgewässern kommt es z. B. durch die Verbauung und Aufstau zu einem Verlust an natürlichen Kieslaichplätzen. Ehemalige Laichplätze werden überstaut und verschlammen aufgrund der geringen Strömung, oder sie können aufgrund von Wanderbarrieren nicht mehr erreicht werden. Besonders Salmoniden, aber auch fließgewässertypische Weißfischarten wie z. B. die Nase oder die Barbe sind auf diese Laichplätze angewiesen. Hier bieten sich z. B. die Reaktivierung von Laichplätzen durch das Einbringen von Geschiebe (Flusskies) oder die Wiederherstellung der Durchwanderbarkeit bei gleichzeitiger Schaffung von neuen Laichplätzen in Umgehungsgerinnen an. Zentrale Bedeutung für die Förderung des Nachwuchses kommt auch den »Kinderstuben« der Fische, also insbesondere Nebenbächen und Altwässern zu. Auch diese sind häufig für die Fische nicht erreichbar, weil sie von den Hauptgewässern abgeschnitten sind. Durch Fischleitern, Fischtreppen, Durchstiche oder Umgehungsgerinne können auch hier fischgerechte Verbin-

dungswege geschaffen werden, um auf diese Weise die für Jungfische so wichtigen Räume wieder mit einzubeziehen.

Befischung

Nach den Hegemaßnahmen kommen wir nun zum nicht weniger wichtigen Gebiet der Fischentnahme. Zur Erinnerung an die eingangs des Kapitels vorgestellte Grafik: Im Rahmen ordnungsgemäßer fischereilicher Bewirtschaftung nimmt der Fang der Fische den gleichen Rang ein wie die Hegemaßnahmen. Der aus der natürlichen Produktionskraft des Gewässers erwachsende Ertrag kann regelmäßig entnommen werden. Nun sollte man meinen, dass allein schon wegen der Vielzahl der Angler und deren Begeisterung bei der Ausübung ihres Hobbys der Fang von Fischen, in welcher Größenordnung auch immer, keine Schwierigkeiten bereiten kann. Erfahrungsgemäß ist dem aber nicht so.

Im wesentlichen sind für diese Tatsache in Angelgewässern folgende drei Gründe verantwortlich:

- Die Fangabsichten der Angler richten sich sehr selektiv nur auf bestimmte attraktive Fischarten wie Hechte, Zander oder Salmoniden. Solche Arten werden dann vielerorts regelrecht überfischt. Den naturgemäß in viel größerer Zahl vorkommenden, »uninteres-santen« Weißfischarten wird nicht oder weit weniger intensiv nachgestellt. Gehen Rotauge, Güster und Hasel dennoch unerwartet an den Haken, entledigt man sich ihrer durch augenblickliches Zurücksetzen. Der »Rahm« wird abgeschöpft, die große Masse verbleibt im Gewässer.

- Angler wollen »Kapitale« fangen. Daher kommt es häufig vor, dass Fische wieder zurückgesetzt werden, die durchaus schon das Maß haben, also entnommen werden könnten. Man glaubt denselben Fisch später mit doppeltem oder dreifachen Gewicht erneut fangen zu können. Hierbei wird aber übersehen, dass ein Fisch, der einmal Bekanntschaft mit dem Haken gemacht hat, dieses Erlebnis nicht so schnell vergisst und hinfort wesentlich misstrauischer ist sowie schwerer zu fangen sein wird.

- Die Bestände werden, was die Fangtechnik anbelangt, zu einseitig befischt. Fische gewöhnen sich relativ schnell an die Gefahren, welche von bestimmten Fanggeräten ausgehen, und stellen sich darauf ein. Damit geht zwangsläufig ein Absinken der Fänge einher.

Selektive Befischung von Raubfischen kann insbesondere in stehenden Gewässern zu einem Problem werden. Die verbleibenden Weißfische bleiben nicht nur von den

Anglern weitgehend unbehelligt, sondern unterliegen wegen der dezimierten Raubfische auch keiner natürlichen Regulation mehr. Eingriffe in natürliche Regulationsmechanismen z. B. durch zu intensive und selektive Befischung von Raubfischen können im Extremfall regelrechte Kettenreaktionen auslösen: Durch die unkontrolliert anwachsenden Weißfischbestände werden Lebensraum und Nahrung zunehmend knapper. In der Folge wachsen die Weißfische dann meist sehr schlecht ab (Verbuttung) und reduzieren darüber hinaus durch ihren sehr starken Fraßdruck das Zooplankton (z. B. Kleinkrebse, Rädertierchen) im Gewässer. Da sich die kleinen Planktontierchen ihrerseits wiederum hauptsächlich von Planktonalgen ernähren, können sich jene nunmehr ungestört in großen Massen entwickeln. Solche Algenblüten können in letzter Konsequenz sogar zum sogenannten Umkippen des Gewässers und damit zu Fischsterben führen, wenn die Algen nach längeren Hitzeperioden absterben und von Bakterien unter Verbrauch des Sauerstoffs abgebaut werden.

Wie geht man im Hinblick auf angemessene Befischung in der Praxis methodisch am besten vor?
Die Befischungsintensität ist an die natürlichen Ertragsmöglichkeiten anzupassen, daher müssen letztere bekannt sein. Da es zweifelsfreie Methoden zur Bestimmung möglicher Erträge nicht gibt, ist man auf Schätzungen angewiesen. Am besten ist beraten, wer fischereibiolo-

Bestandskontrolle durch Elektrofischerei.

gisch vorgebildete Fachleute mit der Lösung dieser Aufgabe betraut. Liegen Richtwerte für den möglichen Fischertrag (z. B. der sogenannte Jahreshektarertrag) fest, geht es im weiteren darum, die Zahl der Angler in ein angemessenes Verhältnis zur Menge an fangfähigen Fischen zu stellen. Man kann beispielsweise davon ausgehen, dass der Durchschnittsangler zwischen 10 und 20 kg Fisch pro Jahr fängt. Dementsprechend »verträgt« ein Gewässer mit einem möglichen Jahresfangertrag von 60 kg pro

Fischereibiologische Untersuchungen sichern gute Fänge.

109

Hektar Wasserfläche etwa 4 Angler, entsprechend 4 Jahresfischkarten pro Hektar.

Zur Kontrolle, ob die Angler auch wirklich in der Lage sind, Fische in der gewünschten Größenordnung zu fangen, ist eine ordentliche **Fangstatistik** zu führen.

Bevor das Kapitel abgeschlossen wird, ein Wort zur **Bestandsüberwachung.** Nach all den zeitaufwendigen und teueren Maßnahmen ist man sich Rechenschaft über deren Erfolg schuldig. Hier helfen regelmäßige Fischbestandsuntersuchungen. Wachsen die Fische gut ab und ist der Gesundheitszustand des gesamten Fischbestandes zufriedenstellend, so sind das Anzeichen, dass man auf dem richtigen Weg ist. Wachstumsdepressionen oder Verbuttung (Kleinwüchsigkeit) ganzer Bestände ebenso wie übermäßige Entwicklung oder Dominanz einzelner Arten sind hingegen kein gutes Zeichen. Unter solchen Verhältnissen ist Gegensteuern z. B. durch gezielte Befischungspraktiken angesagt.

Sonstige Hege und Bewirtschaftungsmaßnahmen

Die Einrichtung von Schutz- und Schongebieten kann sich insbesondere in intensiv beangelten Gewässern sehr positiv auf die Entwicklung eines gesunden Fischbestandes auswirken. Wenn einige sensible Bereiche z. B. als Ruhezonen oder Laichplätze mit einem Betretungsverbot belegt werden, steht in der Regel immer noch eine ausreichend große Fläche zur Verfügung, um eine ordnungsgemäße Angelfischerei zu gewährleisten.

Auch sogenannte Bachpatenschaften kommen als alternative Hegemaßnahmen in Frage. Hier kümmern sich z. B. Jugendgruppen aus Fischereivereinen um angelfischereilich weitgehend uninteressante, aber ökologisch besonders wertvolle Kleingewässer.

Genauso gibt es mittlerweile Patenschaften für Fischwanderhilfen. D. h. Angler kümmern sich darum, dass diese Anlagen dauerhaft funktionstauglich bleiben.

Der Besatz mit bedrohten, aus wirtschaftlicher Sicht unbedeutenden Fischarten (z. B. Bitterlingen, Schmerlen etc.) zur Bestandsstützung oder zur Wiedereinbürgerung, ist ein Beitrag zum Artenschutz. Vor dem Besatz muss allerdings genau geprüft werden, ob die ins Auge gefassten Arten auch zum natürlichen Arteninventar des Gewässers gehören.

In den letzten Jahren engagieren sich immer mehr Fischereivereine für den Erhalt natürlicher Fischbestände und Gewässerlebensräume. Damit machen sie deutlich, dass es in der Angelfischerei nicht nur um die Nutzung, sondern auch ganz gezielt um den Schutz der Natur geht.

Fischerprüfung

Der größte Teil der Gewässer in Deutschland wird von Anglern bewirtschaftet. Die Angelfischerei hat damit für diese Gewässer die Verantwortung den Fischbestand zu hegen und zu erhalten. Damit dies ordnungsgemäß geschieht, ist eine umfassende Kenntnis über das gesamte Umfeld der Angelfischerei unumgänglich. Aus diesem Grunde ist für die Erteilung eines Fischereischeins überall in Deutschland die staatliche Fischerprüfung erforderlich.

Kindern und Jugendlichen ist die Ausübung der Fischerei ohne Fischerprüfung möglich. In den einzelnen Bundesländern gibt es hierfür unterschiedliche Bestimmungen. In Bayern z. B. dürfen Kinder bis zur Vollendung des zehnten Lebensjahres unter Aufsicht angeln. Voraussetzung ist, dass der Betreuer Inhaber eines Fischereischeins ist und zusätzlich eine Fischereierlaubnis für das entsprechende Gewässer hat. Das Kind muß sich hierbei im unmittelbaren Einflussbereich des Betreuers aufhalten und darf die Fische weder selbst abködern noch töten. Nach Vollendung des zehnten Lebensjahres können Kinder/Jugendliche einen sogenannten Jugendfischereischein bei den Kreisverwaltungsbehörden lösen, für den keine Fischereiprüfung erforderlich ist. Der Jugendfischereischein berechtigt den Jugendlichen zur Ausübung der Fischerei in Begleitung eines erwachsenen Fischereischeininhabers.

Der Jugendliche selbst benötigt hierbei eine eigene Fischereierlaubnis für das Gewässer. Er darf die Angelfischerei vollständig ausüben – d. h. er darf die Fische auch abködern und töten – muss aber Anweisungen der Aufsichtsperson befolgen. Sobald Jugendliche die Fischereiprüfung mit Erfolg abgelegt haben, dürfen sie nach der Vollendung des vierzehnten Lebensjahres ohne Begleitung fischen.

Die Lehrgänge zur Fischerprüfung bieten dem Angler die Möglichkeit, das gesamte Spektrum der biologischen Zusammenhänge im, am und um das Gewässer zu erfassen. Des weiteren werden in den Lehrgängen Rechtsvorschriften, die fischereiliche Praxis, die Behandlung der gefangenen Fische und nicht zuletzt die Fanggeräte und ihr Gebrauch abgehandelt.

Was ist angesichts des immer näher rückenden Prüfungstermins zu tun:

- Termingerechte Anmeldung! Vielerorts ist Anmeldeschluss bereits ein Vierteljahr vor der Prüfung. Diese wird in der Regel nur einmal im Jahr abgehalten. Deshalb ist es besonders ärgerlich, nicht daran teilnehmen zu dürfen, weil man versäumt hat, sich frühzeitig genug anzumelden.

- Teilnahme an Kursen zur Vorbereitung auf die Fischerprüfung! Fast alle Fischereiorganisationen führen solche

Schulungen durch. In manchen Bundesländern sind solche Kurse Pflicht. In Bayern ist zum Beispiel auch ein Praxisteil vorgeschrieben.

▪ Studium geeigneter Fachliteratur! Es gibt mittlerweile eine ganze Anzahl speziell auf die Fischerprüfung ausgerichteter Literatur. In diesem Zusammenhang sei auf das Literaturverzeichnis am Ende des Buches verwiesen. (»Fischerprüfung leicht gemacht« von A. Kölbing, BLV Verlag)

Sinn und Zweck der Prüfung ist, durch qualifizierte Ausbildung jene fachlichen Voraussetzungen zu schaffen, ohne die weidgerechte Fischerei und ordnungsgemäße Gewässerbewirtschaftung heutzutage kaum noch möglich ist. Jeder Fischer ist aufgefordert, zur Hege und Pflege von Fischen und Fischgewässer beizutragen und in diesem Sinne auch Verantwortung zu übernehmen. Die intensive Beschäftigung mit dem gesamten Fischereiwesen ist daher unerlässlich.

Noch ein Wort zur psychologischen Seite: Einfacher wird die Prüfung sicher nicht, wenn man sich zähneknirschend in das eben Unvermeidliche fügt. Die Beschäftigung mit den einzelnen Disziplinen des Prüfungsstoffes sollte nicht als lästige Pflicht empfunden werden, sondern als eine Sache, die Spaß macht und die letztendlich einen Gewinn für die persönliche fischereiliche Zukunft darstellt.

Angelreisen

Zum Beginn der Angelsaison, Anfang März vor einigen Jahren, kam eine größere Zahl von Angelfischern aus allen Gebieten der Bundesrepublik Deutschland an den Walchensee, weil das Anfischen in diesem Salmonidengewässer mit zum attraktivsten Fischen überhaupt gehört. Ganz gleich, wie viele Kilometer ein jeder in freudiger Erwartung zurückgelegt hatte, sie waren alle umsonst gekommen. Erlaubnisscheine wurden keine ausgegeben. Das Anfischen fiel aus, da der See noch zugefroren war. Der Unmut war groß, jedoch selbstverschuldet. Ein Anruf vor Ort hätte genügt, um sich zu informieren. Ärger wäre vermieden worden. Diese Begebenheit zeigt einen grundlegenden Wesenszug vieler Angler. Sie verlassen sich am liebsten auf sich selbst. Der Vorteil sachdienlicher Informationen wird selten gesucht. Wissen und Erfahrung anderer nimmt man bestenfalls zur Kenntnis, Nutzen zieht man meistens nicht daraus. Dabei muss solch eigenbrötlerisches Verhalten nicht selten teuer bezahlt werden. Das wird nicht nur am oben angeführten Beispiel Walchensee offen-

Anglerin versucht ihr Glück auf Lachs. ▶
»Mann« schaut ihr staunend zu.

Karibischer Traum – ein Bonefish.

kundig, sondern es ist schlechthin das Hauptproblem bei vielen Angelreisen. Darunter fallen nicht nur die teueren Reisen in exotische Gefilde, sondern gleichermaßen der erste Urlaub zum Meeresangeln und sogar auch der Besuch des bisher unbekannten Gewässers des Nachbarvereins. Allen Situationen gemeinsam ist, dass Erfolg oder Misserfolg in hohem Maße davon abhängen, ob man sich sachkundiger Beratung unterzieht oder uneigennützig gegebene Informationen annimmt. Kaum einer dürfte zum ersten Mal beim Lachsfischen in Irland oder Schottland, allein auf sich gestellt und ohne die freundlichen Ratschläge erfahrener Spezialisten, glücklich geworden sein. Da ist es dann oft so, dass man an

einem hervorragenden Gewässer steht, kapitale Lachse in ihren Unterständen greifbar nahe vor sich sieht, die Tiere aber durch nichts in der Welt an den Haken zu bringen sind. Das Problem ist erst dann zu lösen, wenn man weiß, dass bei den vorliegenden Ebbe- und Flutverhältnissen in Verbindung mit der herrschenden Wassertemperatur das Angeln nur mit einer ganz bestimmten Fliege zum Erfolg führt. Besonders ärgerlich, wenn man einen so alles entscheidenden Tipp erst am letzten Tag des Aufenthaltes bekommt.

Information ist jedoch nicht nur für den Fischfang selbst wichtig. Mit der Ankunft am neuen, unbekannten Fischwasser beginnt jedes Mal wieder das vertraute Frage- und Antwortspiel:

Ein Tarpon gefangen in Belize.

- Wo gibt es den Erlaubnis-schein?
- Wo kann man Boote mieten?
- Wo liegen die besten Fang-plätze?
- Was kostet dies, was kostet jenes?

Fragen über Fragen also. Bis man über alle Möglichkeiten unterrich-tet ist, besitzt der Erlaubnisschein nur noch den halben Wert, und zu allem Überfluss ist auch noch die beste Fangzeit versäumt. Man sollte seine Tagesfahrt oder den Urlaub am Fischwasser sorgfältig planen und sich mit den Gegebenheiten schon vorher vertraut machen.

Eine Alternative zu zeitaufwendi-gen Vorbereitungen ist die Buchung von Komplettangelreisen mit Guid-ing Service. Unter Guiding versteht man die Begleitung des Anglers durch einen erfahrenen ortskundi-gen Angelführer, der den Angler mit den notwendigen Methoden und Ködern vertraut macht, ihn zum Fangort bringt und während des Fischens betreut. In der Regel führt die Betreuung durch einen Guide zu einem erheblich besseren Fangerfolg. Leider ist Guiding mit relativ hohen Kosten verbunden.

Wenn man bei Fernreisen allerdings schon bereit ist, viel Geld für Flug und Übernachtung auszugeben, sollte man nicht dabei sparen, wenn es um das Hauptziel der Reise geht, nämlich um das Fischefangen.

Eine Vielzahl fischereilich interes-santer Gewässer ist unter Angabe

aller wichtigen Daten in der Fachliteratur beschrieben. Die Reisereportagen der Fachzeitschriften sind in der Regel sehr vielseitig und aufschlussreich. Hat man dennoch spezielle Fragen, sollte man sich nicht scheuen, bei den entsprechenden Redaktionen nachzufragen. Die Angelzeitschriften in Deutschland beantworten solche Fragen in der Regel gerne oder leiten die Anfrage an den jeweiligen Autor weiter. Im Anzeigenteil der Fachzeitschriften finden sich oft diverse private oder auch professionelle Angelreiseangebote. Auch Angelgeräte-Fachgeschäfte bieten gelegentlich Angelreisen an.

Im Multimediazeitalter ist natürlich auch das Internet zu erwähnen. Hier finden sich unzählige Angebote mit ausführlichen Beschreibungen zu fast jeder Fischart in allen Kontinenten der Welt. Das deutsche Angebot steckt allerdings noch in den Kinderschuhen. Man bediene sich des Weiteren etwa der für den deutschsprachigen Bereich leider nicht sehr zahlreich vorliegenden Angelführer (siehe Literaturverzeichnis), oder studiere die Informationsblätter der Fremdenverkehrsvereine. Wer z. B. gerne zum Dorsch- und Makrelenfischen an die Nord- oder Ostsee fahren will, wird hier erfahren, wie viele Angelkutter es gibt, wo sie liegen, wann sie ausfahren und was die Tagesfahrt kostet. Eine Fülle von Informationsmaterial wartet darauf, abgerufen zu werden.

Nicht zuletzt werden Angelreisen in allen Preisklassen von Reisebüros, oder von speziellen Angelreisenveranstaltern angeboten. Bei allen Angelreisen ins Ausland sollten folgende Fragen kritisch geprüft werden:

- Sind die offerierten Gewässer für gute Fänge bekannt?
- Gibt es am Urlaubsort Betreuung durch deutsch- oder englischsprachige Fischereiexperten (Fishing-Guides)?
- Werden Köderfische, Maden, Würmer und dergleichen bereitgehalten?
- Stehen Watstiefel, Hochseegerät und anderes Leihgerät in großer Auswahl zur Verfügung?
- Gibt es für die Fänge und Trophäen Tiefkühltruhen und Räuchermöglichkeiten?
- Entspricht das angebotene Ferienhaus den Komfortansprüchen?
- Ist die Verpflegung gut und ausreichend?
- Sind im Preis für das Ferienhaus Bettwäsche, Handtücher, Strom, Wasser und Endreinigung inbegriffen?
- Sind Boote und Motoren in ausreichender Zahl vorhanden?
- Welche Versicherungsleistungen enthält der Reisepreis?

Krönung einer Angelreise nach Kanada – eine starke Steelhead. ▶

Fische nach dem Fang

Fischfleisch ist nicht nur schmackhaft und von hohem Nährwert, sondern eine Fischmahlzeit gilt auch als leicht verdaulich. Leicht verdaulich bedeutet jedoch auch leicht verderblich. Außer unter erheblichem technischen und chemischen Aufwand im Operationssaal gibt es keine bakterienfreien Bereiche in unserer Umwelt. Auch das Wasser von Flüssen, Seen und Teichen enthält mehr oder weniger viele Bakterien, die zum Teil für den Abbau organischer Substanz, d. h. zur Selbstreinigung eines Gewässers, notwendig sind. Selbst das Wasser kristallklarer Bergseen enthält Bakterien. Somit ist die äußere Oberfläche eines Fisches immer in Berührung mit den Bakterien des Wassers, die ihm jedoch bei unverletzter Oberhaut und unversehrten Kiemen nicht schaden können. Ebenfalls befinden sich notwendigerweise Bakterien im Magen und Darmsystem der Fische, die nur bei krankhaften Veränderungen der Darmschleimhaut in den eigentlichen Fischkörper eindringen können.

Durch die Handhabung beim Fang und beim Töten der Fische ist es unvermeidlich, dass deren Haut beschädigt wird, also Wasserbakterien und solche von Händen und eventuell von Gerätschaften auf die Haut übertragen oder sogar in kleinere Verletzungen des Fisches gepresst werden. Während des Drills, des Einfangens und während des Tötens ist es auch möglich, dass die Darmwand der Fische auf Grund der außergewöhnlichen Stresssituation für die im Darm vorhandenen Bakterien durchlässig wird und diese via Blutgefäße und Körperhöhlenflüssigkeit in das Fischfleisch übergehen können. Beim eigentlichen Schlacht- und Ausweideprozess selbst wird die im Lebendzustand keimfreie Bauch- und Brusthöhle ebenfalls mit Bakterien in Berührung gebracht – auf jeden Fall durch die Hände des Ausnehmenden, eventuell durch den Magen-Darm-Inhalt oder durch das Wasser, aus dem der Fisch entnommen und mit dem er gespült worden ist. Kurzum, man kann davon ausgehen, dass ein geschlachteter Fisch mehr oder weniger mit Bakterien angereichert ist. Dieser Zustand ist dann völlig unerheblich, wenn der Fisch ordnungsgemäß verarbeitet, gelagert und zubereitet wird. Je höher die Temperaturen, desto größer ist die Vermehrungsrate und umso intensiver der Stoffwechsel von Bakterien. Entsprechend schnell verdirbt dann auch der Fisch.

Parallel dazu kommt noch eine zweite Komponente des Fischverderbs. Die für die Aufrechterhaltung des Lebens, d. h. die für Bewegung, Verdauung und Fortpflanzung notwendigen Stoffwechselabläufe im Fischkörper laufen nach dem Tode teilweise weiter. Das, was man als »Fleischreifung« kennt und was letztlich eigentlich auch zum Verderb führt, läuft gleichermaßen in der Fischmuskulatur ab. Man nennt dies Autolyse. Dies bedeutet Selbstauflösung, und solches geschieht am Ende dieses biochemischen Vorgangs tatsächlich. Auch die Autolyse läuft bei höheren Temperaturen beschleunigt ab. Normalerweise wäre niedrige Temperatur ein Garant für verlängerte Haltbarkeit. Besonders beim Fisch stoßen wir jedoch auf eine ebenso einfache wie raffinierte Gegenmaßnahme der Bakterien. Die allermeisten der bei Fischen und in Gewässern vorkommenden Bakterien müssen ihr Leben über weite Teile des Jahres bei Kühlschranktemperaturen oder nur wenig darüber fristen. Man muss daher immer davon ausgehen, dass die Bakterien, die wir auf den Fischen finden, ein erhebliches Maß an Kältetoleranz aufweisen. Der Fisch in der Plastiktüte im Kühlschrank ist daher wirklich keine Lösung!

Kehren wir zurück zu den Voraussetzungen des Fischverderbs:

- Voraussetzung für schnelle Autolyse:
  Temperaturen zwischen 20 und 30 Grad Celsius.

- Voraussetzung für Bakterientätigkeit: Temperaturen zwischen 10 und 30 Grad Celsius.

Man sollte also dem Fischverderb gegenüber »Hürden« aufbauen wie z.B. tiefe Temperaturen und Reduktion der Feuchtigkeit. Ersteres kann auf Grund der oben erwähnten Kältetoleranz erst ab 0 bis 1 Grad Celsius und niedriger als

wahre Hürde angesehen werden. Auch das Einfrieren und die Frostlagerung ist praktisch eine Hürde. Da dies zumindest am Fischwasser nicht möglich sein wird, bleibt an dieser Stelle lediglich die Entfeuchtung. Eine Entfeuchtung ist das Trockenhalten der Fische in allseits zugänglicher trockener Luft oder das äußere und innere Verpacken in trockene Tücher oder Papiere, nicht aber in die Plastiktüte. Grundsätzlich als Hürde ist auch das Salzen anzusehen, bei dem Salz Wasser an sich bindet und dadurch dieses für die Bakterien nicht mehr verfügbar ist.

Folgender Maßnahmekatalog sollte im Hinblick auf hygienische Fischbehandlung beachtet werden:

- Nach dem Betäuben in bekannter Weise rasches Durchtrennen der Blutgefäße zwischen Herz und Kiemen, so dass der Fisch ausblutet. Blut mit Tuch und Papiertüchern abwischen.

- Auswischen der Bauchhöhle nach dem Ausweiden mit Papiertüchern (z.B. Haushaltspapier). Kein unnötiges Ausspülen mit Fluss- oder Seewasser. Einbringen eines sauberen Papiertuchknäuels in die Bauchhöhle, um diese trocken zu halten.

- Mitnahme im Korb oder Lagerung einzeln in Papier gewickelt in luftdurchlässigen Hartplastikgefäßen im Schatten oder im Auto. Praktisch ist eine Kühltasche.

Bild 1

Bild 2

120

- Gründliches Waschen der Fische zu Hause mit Trinkwasser oder mit Wasser gleicher hygienischer Qualität.

- Sofortiges Einfrieren oder falls seine Zubereitung im Laufe der nächsten zwei bis drei Tage vorgesehen ist, Lagerung im Kühlschrank. Hierbei ist unbedingt zu beachten, dass der Fisch nicht in Flüssigkeit liegt.

- Werden die Fische eingefroren, so ist für eine längere Haltbarkeit im Gefrierfach eine Temperatur von –20 Grad Celsius erforderlich. Damit das Fett nicht oxidiert, müssen die Fische möglichst luftdicht verpackt werden. Sie können vor dem Einfrieren z. B. eingeschweißt werden. Die Haltbarkeit richtet sich auch nach dem Fettgehalt der Fische. Magere Fische wie der Hecht können bis zu einem halben Jahr aufbewahrt werden, fette Fische wie der Aal sollten nicht länger als drei Monate im Gefrierschrank verbleiben.

◀ *Verderb eines Fisches, deutlich gemacht an Hand der Bakterienvermehrung auf einer Regenbogenforelle (Anzahl der Bakterien je qcm Oberfläche).*

Bild 1 zeigt die Verhältnisse bei einem soeben getöteten Fisch.

Bild 2 zeigt die Vermehrung der Bakterien um das Hundertfache nach sechs Stunden feuchter Lagerung bei 20 °C. Dieselbe Vermehrung ist auch nach 36–48stündiger »Plastikfolienlagerung« im Kühlschrank gegeben. Nach dieser Zeit besteht bereits eine erhebliche Genußminderung. Bei weiterer Bakterienvermehrung tritt völlige Genußuntauglichkeit oder sogar ein Gesundheitsrisiko ein. Der verdorbene Fisch weist im Allgemeinen eine Abweichung von der natürlichen Färbung und vom normalen Geruch auf. Die Konsistenz wird weich (Autolyse) und die Bauchgräten lassen sich schon im unerhitzten Zustand herauslösen.

- Zwar wird von manchen Hygienefachleuten empfohlen, gefrorene Fische vor der Zubereitung möglichst rasch aufzutauen und sie noch im angetauten Zustand zu garen oder zu braten. Solches Vorgehen lässt sich mit der feinen Fischküche aber nicht in Einklang bringen. Im Hinblick auf die kulinarische Qualität des Fischfleisches ist langsames Auftauen im Kühlschrank über mehrere Stunden hinweg die einzig vertretbare Methode. Zu rasch aufgetautes Fischfleisch verliert seine Textur und wird bei der Zubereitung schnell matschig. Auch die Geschmacksqualität lässt nach. Gefrorene Fische sollten am besten langsam im Kühlschrank auftauen. Nach dem Auftauprozess sollten die Fische erneut gesäubert und die meist nach dem Frosten gallertartig abgehende schleimige Oberhaut entfernt werden.

- Fische sollten bei der Zubereitung grundsätzlich ausreichend erhitzt werden. Selbst bei aller hygienischer Sorgfalt bei Fang und Aufbewahrung verbleibt ein geringes Restrisiko mit der unbekannten und häufig schwankenden Bakterienpopulation eines Fischwassers.

Die sogenannte **Fischvergiftung**, korrekt ausgedrückt, die Erkrankung eines Menschen nach Fischgenuss, ist zwar selten, jedoch bei grober Nachlässigkeit beim Fang, Schlachten, Aufbewahren und Zubereitung von Fischen nicht auszuschließen. Die auftretenden Krankheitssymptome sind Erbrechen, Durchfall oder Kreislaufstörungen. Das Risiko ist allerdings sehr niedrig. Zur Auslösung selbst leichter Erkrankungen muss nämlich eine gewisse Mindestmenge an Bakterien oder Toxinen vorhanden sein. Im Regelfall macht aber ein Fisch, der entsprechend hohe Bakterienzahlen enthält, schon einen verdorbenen Eindruck und er wird ohne Zubereitung von jedermann verworfen. Von der wirklich sehr seltenen Ausnahme der Regel, d. h., dass ein Fisch ohne Geruchsabweichungen und ohne erkennbare Veränderungen krankmachende Bakterien oder Toxine enthält, schützt am besten ein guter und sorgfältiger Erhitzungsprozess, da fast alle krankheitsauslösenden Bakterienarten in ihren vermehrungsfähigen und dabei toxinbildenden Formen ebenso wie ihre eventuell schon gebildeten Toxine sehr hitzeempfindlich sind. Die am häufigsten bekannt gewordenen Fälle von Erkrankungen nach Fischgenuss sind dann aufgetreten, wenn die Fische nach dem Kochen, Braten oder Räuchern wieder mit Bakterien angereichert wurden, danach unsachgemäß verpackt, warm und feucht gelagert und ohne erneute Erhitzung konsumiert worden sind. Fehler bei der Behandlung gefangener Fische resultieren ganz selten in Erkrankungen, sondern im allgemeinen mehr in einer Verschlechterung des Genusswertes. Jedoch auch dies kann bei Einsicht in die Zusammenhänge des Verderbs und bei normaler Sorgfalt vermieden werden.

In diesem Zusammenhang noch etwas zum Drill: Er ist für die Qualität des Lebensmittels Fisch ganz und gar abträglich und sollte nicht unnötig ausgedehnt werden. Der Fisch verbraucht seinen Muskelzucker während der ungeheuren Anstrengung beim Drill und danach können in seinem Fleisch die normalen biochemischen Vorgänge zur Reifung nicht mehr ablaufen. Solches Fleisch ist auf Grund der ausbleibenden natürlichen Säuerung wesentlich schneller dem Verderb durch Bakterien ausgesetzt, als das Fleisch rasch und ohne größere Ermüdung aus dem Wasser entnommener Fische.

Fische sind ein hervorragendes Lebensmittel. Es wäre wirklich unverständlich, wenn ein Angler, der für sein Fischwasser und seine Fische im Wasser keine Mühe scheut, für letztere im gefangenen und getöteten Zustand weniger Gedanken und Sorgfalt aufwenden sollte als vorher, wo sie Objekte seiner Hege und seiner natürlichen Jagdleidenschaft sind. Die Zubereitungsmöglichkeiten von Fischen sind sehr vielseitig. Man kann Fische kochen, braten, backen, marinieren, räuchern und sogar roh als sogenanntes »Sushi« essen.

Angeln: Bedeutung und Grenzen

1998 haben in Deutschland rund 1,3 Millionen Angler einen Jahresfischereischein gelöst. Seit der Jahrhundertwende ist damit aus einem Häuflein Passionierter eine der größten Interessengemeinschaften geworden. Schätzungen zufolge geben die organisierten Angler in Deutschland fast eine Milliarde DM pro Jahr für ihr Hobby aus. Der Angelfischerei kommt daher auch eine enorme wirtschaftliche und soziologische Bedeutung zu.

Um die Bedürfnisse dieses Millionenheeres zu befriedigen, wurden ganze Industrien in Bewegung gesetzt. Noch zu keiner Zeit hat es so viel Angelliteratur gegeben wie heute. An Nord- und Ostsee hält das Angeln auf Hai, Makrele und Dorsch ganze Kutterflotten am Leben. Die Angel- und Zubehörbranche macht in ihren etwa 3500 Verkaufsstellen rund 570 Millionen DM Umsatz. Im Bereich der Angelfischerei gibt es in Deutschland ca. 20 000 Arbeitsplätze.

Schätzungen zufolge werden allein in den alten Bundesländern jährlich 50 Millionen DM für Fischbesatz ausgegeben. Ein großer Teil der deutschen Fischzüchter ist auf Angelvereine als Kunden geradezu angewiesen. Die riesige Konkurrenz aus dem europäischen- und außereuropäischen Ausland hat zu einem enormen Preisverfall bei den Forellen geführt. Die meist vergleichsweise kleinen Familienbetriebe in Deutschland können mit den niedrigen Preisen oft nicht mehr mithalten. Die Angelvereine sind bereit, für eine gute Besatzfischqualität auch einen höheren Preis zu zahlen. Denn die billigen Angebote aus der industriemäßigen Fischproduktion sind meist nicht als Besatz geeignet. Aus diesem Grund hat ein großer Teil der deutschen Fischzuchten auf den Besatzfisch gesetzt.

Einen geradezu ungeahnten Boom erlebt auch die Angeltouristik. Von den Forellen Neuseelands bis zu den Huchen in der Mongolei – kein Fisch darf sich mehr in Sicherheit wiegen. Selbst zu Zeiten stagnierender Wirtschaft ist die Reiselust der Deutschen groß. Die Menschen sind bereit, für ihren Urlaub eine Menge Geld auszugeben. Dies gilt genauso für Angler wie für Nicht-Angler. In vielen Ländern hat man dieses Potential erkannt. In Argentinien z. B. wird die Berufsfischerei aus den Mündungsgebieten der Flüsse verbannt, um den dort eingebürgerten großen Meerforellen den Aufstieg in die Flüsse zu erleichtern. Man ist sich bewusst, dass der Fang einer Meerforelle durch einen Angelfischer um ein vielfaches mehr für das Bruttosozialprodukt bringt, als der Fang des gleichen Fisches durch die Berufsfischerei. Die Angler zahlen nämlich nicht nur die Fischereilizenz, sondern auch den Flug, den Leihwagen, die Übernachtungskosten und eventuell die Betreuung durch Guides etc.

Man darf weiterhin nicht vergessen, wie wichtig die soziale Funktion des Angelns ist. Gemeinsames Erleben der Natur am Wasser ist für Jugendliche mit Sicherheit pädagogisch wertvoll. Angler sind nämlich keineswegs Einzelgänger, besonders Jugendliche gehen gerne gemeinsam zum Fischen. Aber nicht nur die Jungfischer, sondern auch ältere Angler können durch ihr Hobby wichtige soziale Kontakte aufrechterhalten.

Insgesamt gesehen, gibt die Entwicklung der Angelfischerei zumindest aus wirtschaftlicher und sozialer Sicht durchaus Anlass auf Freude und Zufriedenheit. Aus unserer Gesellschaft ist das Angeln heute nicht mehr wegzudenken.

Unübersehbar sind jedoch gewisse Tendenzen, die dazu führen, dass das Angeln in ein schiefes Licht gerät.

Da ist die Sache mit den Fischwassern: Im Zuge des zunehmenden Drucks auf die fischereilich zu nutzenden Gewässer werden Fischereirechte gepachtet oder erworben, wo immer sich die Chance bietet. Gegen diesen Vorgang ist an sich nichts einzuwenden. Schlimm ist jedoch die Art und Weise, wie solches vielfach geschieht. Demjenigen etwa, der früher das Recht zu fischen hatte, wird es einfach weggesteigert – ohne Rücksicht vor allem auch auf die menschlichen Enttäuschungen, welche daraus erwachsen. Die Preise können gar nicht hoch genug sein. Fischwasser erfahren auf diese Weise Preissteigerungen, die in keinem Verhältnis zum realen Wert stehen. Angelgewässer also um jeden Preis? Den hohen Pachtkosten folgt dann in der Regel eine überhöhte Erwartungshaltung, was in der Folge dann oft – um die Angler zu befriedigen – zu falschen Bewirtschaftungsformen führt.

Darf in Zukunft nur noch derjenige fischen, der das meiste Geld auszugeben bereit ist, weil durch die Preistreibereien die Gewässer für gewisse Gesellschaftsschichten unerschwinglich sind? Sicherlich werden die tauglichen Fischwasser bei den stetig steigenden Anglerzahlen relativ gesehen immer weniger. Jede sich bietende Gelegenheit muss daher zwangsläufig genutzt werden. Ob dem Problem einer gerechten Fischwasserverteilung jedoch mit Härte und Rücksichtslosigkeit beizukommen ist, muss ernsthaft bezweifelt werden.

Mit der Fischwasserverknappung einerseits und enttäuschten Fangerwartungen andererseits hängt eine wahrscheinlich nach japanischem Vorbild entstandene Angelrichtung zusammen: das Fischen in so genannten Angel- oder Forellenteichen – in Verkennung des wahren Wesens des Angelns, des öfteren auch als Anglerparadiese bezeichnet. In kleine, um die ein Hektar große Teiche werden meist täglich größere Menge fangreifer Fische eingesetzt, die dann gegen Gebühr gefangen werden können. Das »Zugpferd« oder besser der »Zugfisch« solcher vom Besitzer meist mit großem Profit unterhaltenen Anlagen ist vielfach ein besonders kapitales Exemplar, das noch attraktiver dadurch wird, dass sein Fang mit einer Sonderprämie belegt ist. Wer also hier eine Tageskarte

löst, will Fische fangen nach Herzenslust, oder »Fisch satt« haben, wie es so schön heißt. Verständlich ist dieses Bestreben irgendwie schon, denn welcher Angler möchte nicht einmal Hans im Glück sein. Bei kritischer Auseinandersetzung mit den Angelteichen jedoch fühlt man sich zuerst ein wenig an die Jagd auf Gatterwild erinnert, welche ja bekanntlich von den meisten Jägern als unweidmännisch abgelehnt wird – wohl in erster Linie deshalb, weil das Wild im umzäumten Revier keine Chance hat, sich dem Zugriff durch den Menschen zu entziehen. In den Angelteichen haben die Fische gleichermaßen nicht die geringste Chance.

Eine aus England stammende Entwicklung in Richtung Trophäenjäger gibt ebenfalls Anlass zur Sorge. Die sich als »Specimen-Hunter« bezeichnenden Gruppen haben es jeweils auf die Kapitalen einer Fischart abgesehen. Auch wenn der Fang eines Kapitalen der Traum jedes Anglers ist, so führt diese Spezialisierung in eine Sackgasse. Der Fang von kapitalen Fischen bedeutet eine Ausnahme, da in jedem Gewässer nur eine sehr kleine Anzahl von solchen Fischen vorkommt. Jeder entnommene kapitale Fisch verringert die Chancen auf einen weiteren Fang dieser Größenordnung erheblich. Nun sind die »Specimen-Hunter« einfach dazu übergegangen, die gefangenen Fische nach der »Beweisaufnahme« (Wiegen, Messen und Fotografieren) zurückzusetzen, um sie dann möglichst bald um ein paar

Pfund schwerer wiederzufangen. Einen traurigen Höhepunkt erlangte dieses Verhalten, als derselbe Karpfen mit knappen 50 Pfund innerhalb weniger Wochen gleich dreimal gefangen, und dies in der Fachpresse gefeiert wurde. Identifiziert wurde das arme Tier übrigens anhand von Photos mit Vergleichen der Schuppenanordnung. Sportlich kann dieses Verhalten sicherlich nicht genannt werden, auch wenn sich gerade solche Angler allzu gerne auch als Sportfischer bezeichnen. Abgesehen davon, dass ein Zurücksetzen kapitaler Fische aus ökologischer Sicht zu verwerfen ist, verstößt dieses Verhalten gegen das Tierschutzgesetz.

In manchen Vereinen ist man sogar schon dazu übergegangen, für den Besatz kapitale Fische zu kaufen um den Fangerwartungen Rechnung zu tragen. Diese Entwicklung darf auf keinen Fall weitergehen und sollte schnellstmöglich unter dem Vermerk, traurige Vergangenheit abgehakt werden.

Wesentliches Element der geschilderten Negativentwicklungen ist, dass hierbei aus der Summe aller das Angeln bestimmender Momente der Jagdtrieb herausgelöst wird. Nur er ist die alles beherrschende Stimulanz solcher fischereilichen Betätigung. Fische zu fangen, erfährt jene Überbetonung, die jede sinnvolle fischereiliche Gewässerbewirtschaftung unmöglich macht,

der Hege und Pflege der Fischbestände geopfert werden. In einer solchen Verfremdung des Angelns liegt die Gefahr, welche von jeder Einseitigkeit ausgeht, eine Gefahr, die umso ernster wiegt, als der Mensch in die Auslebung seiner innersten Wünsche nicht nur seine ganze Leidenschaft legt, sondern auch jedes Augenmaß für die Natur in ihrer Ganzheit verliert. Auf der Suche nach den Motiven solchen Handelns sollte vielleicht auch nicht vergessen werden, in welcher Weise Angler von der Industrie und anderen daran Interessierten manipuliert werden.

Es sollte abschließend betont werden, dass die Mehrheit der Angler ihrer Passion nachgeht, ohne die oben erwähnten Auswüchse mitzumachen. Es sind die »schwarzen Schafe«, die ein schlechtes Licht auf die gesamte Angelfischerei werfen. Aus diesem Grunde müssen sich die Angler ganz klar von diesen negativen Trends distanzieren. Interessant ist in diesem Zusammenhang die Tatsache, dass sich nach der Umfrage einer großen deutschen Fachzeitschrift 75 Prozent der Befragten nicht als Sportfischer verstanden wissen wollten und sich gegen diese Benennung wandten. Sie alle wollen lieber – dies ging von einer Vielzahl von Leserzuschriften eindeutig hervor – naturverbundene Angler bleiben.

Literatur

Amlacher, E.: Taschenbuch der Fischkrankheiten. Stuttgart, Jena 1992.

Borne, M. v. d./Quint, W.: Angelfischerei. Hamburg, Berlin 1997.

Engelhardt, W.: Was lebt in Tümpel, Bach und Weiher? Stuttgart 1996.

Kölbing, A: Fischerprüfung leicht gemacht. München, Wien, Zürich 1999.

Lederer, M.: Die sozio-ökonomische Bedeutung der Angelfischerei in Bayern. Weihenstephan 1997

Muus, B. J./Dahlström, P.: Süßwasserfische. München, Wien, Zürich 1993.

Plomann, J.: Salmoniden in aller Welt. Berlin 1986.

Pott, E.: Bach-Fluss-See. München, Wien, Zürich 1990

Reichenbach-Klinke, H.: Grundzüge der Fischkunde. Stuttgart 1980.

Riedel, D.: Fisch und Fischerei. Stuttgart 1974.

Rutenbau, Sonderheft Jahr Verlag Hamburg 1997

Schäperclaus, W.: Fischkrankheiten. Berlin 1990.

Seifert, K./Kölbing, A.: So macht Angeln Spaß. München, Wien, Zürich 1995.

Steinfort, H.: Fliegenfischen für Anfänger. Hamburg, Berlin 1997.

Walton, I.: The Complete Angler. GB 1653

Angelführer Bayern, über 600 Angelmöglichkeiten für Gäste. LFV Bayern München

Fachzeitschriften:

Angelwoche. Jahr Verlag, Hamburg

Allgemeine Fischerei Zeitung. VDSF, Offenbach

Bayerns Fischerei + Gewässer. LFV Bayern, München

Blinker. Jahr Verlag, Hamburg

Fischer & Teichwirt. Verband der Bayerischen Berufsfischer, Nürnberg

Fisch & Fang. Paul Parey Verlag, Hamburg

Fliegenfischen. Jahr Verlag, Hamburg

Fliegenfischer. Schück Verlag, Stein

Rute & Rolle. Top Special Verlag, Hamburg

Bemerkung: Die abgebildeten Angelgeräte wurden dankenswerter Weise von der Fa. AKM, Inh. Robert Rasp, Hermann-Lingg-Str. 11, 80336 München zur Verfügung gestellt.

Für die Angelpraxis

John Bailey
Das neue Praxis-Handbuch Angeln
Das große Handbuch für die Angelpraxis mit über 700 farbigen Abbildungen: der Fang von Raub- und Friedfischen, das Angeln mit Kunst- und Naturködern, umfassende Porträts der einzelnen Fischarten – mit Angelmethoden, Ausrüstung und Zubehör.

Alexander Kölbing
Fischerprüfung leicht gemacht
Der bewährte Ratgeber für die Prüfungsvorbereitung – komplett aktualisiert und mit neuem, übersichtlichem Layout: Fischkunde, Fischgewässer, Angeltechnik, Tier- und Naturschutz, Rechtsvorschriften für alle Bundesländer, Prüfungsfragen und Antworten.

Peter Owen
Angelknoten-Fibel für unterwegs
An jedem Gewässer immer dabei – die Knoten-Fibel im handlichen Westentaschenformat mit präzisen Bindeanleitungen in Schritt-für-Schritt-Zeichnungen: die 24 wichtigsten Verbindungen von Schnur zu Schnur oder von Schnur zu Haken.

Hans-Peter Kirchner
Mehr Erfolg beim Fliegenfischen
Der Schnupperkurs für Einsteiger: Ausrüstung, Insektenkunde, Fliegenimitationen, Anbiete-Technik, verschiedene Fischarten uvm.

Ekkehard Wiederholz
Die 150 besten Anglertricks
Aus der Trickkiste erfolgreicher Angler: bewährte Praxistipps für Geräte und Zubehör, Köder, Fangtechniken und Verhalten am Wasser.

Im BLV Verlag finden Sie   Garten und Zimmerpflanzen • Natur • Heimtiere • Jagd und Angeln • Pferde
Bücher zu den Themen: und Reiten • Sport und Fitness • Wandern und Alpinismus • Essen und Trinken

Ausführliche Informationen erhalten Sie bei:

BLV Verlagsgesellschaft mbH • Postfach 40 03 20 • 80703 München
Tel. 089 / 1 27 05-0 • Fax 089 / 1 27 05-543 • http://www.blv.de